지상최대의

축복

산상수훈 다시 보기
지상최대의 축복

초판 제1쇄 2008.9.25.

지은이 | 이강천
펴낸이 | 정성민
펴낸곳 | 푸른초장

등록번호 | 제387-2005-00011호(2005년 5월 17일)
소재지 | 경기도 부천시 소사구 심곡본동 743-14, 101호
    TEL 032)655-8330(푸른초장), 010-6233-1545
출판유통 | 하늘유통 031)947-7777, FAX 031)947-9753
인쇄처 | 우림문화사

책값은 뒤표지에 있습니다.
ISBN 978-89-92817-24-0   03230

독자의 의견을 기다립니다.
sungjeong@hotmail.com

산상수훈 다시 보기
지상 최대의 축복

이강천 지음

푸른초장

머리말

성경 주석가들은 산상수훈을 그리스도인의 윤리강령으로 해석하고 있습니다. 윤리학을 전공한 필자도 역시 산상수훈을 그리스도인을 위한 차원 높은 윤리라고 생각하였습니다.

그러나 산상수훈을 계속해서 묵상하는 동안에 한 가지 놀라운 사실을 발견하였습니다. 그것은 산상수훈이 막연한 이론이나 그리스도인의 고상한 윤리를 가르친 것이 아니라 우리가 정말로 행복해 질 수 있는 구체적이고도 실제적인 삶의 원리와 방법을 제시한다는 것입니다. 이 세상을 살아가는 사람들의 진정한 필요를 아셨던 예수님은 진정한 축복, 진정한 행복을 누리는 비결을 우리에게 눈물로 가르쳤던 것이지요.

이런 면에서 팔복은 고통가운데 신음하는 인생들에게 하

늘로서 내리는 축복을 선포한 것입니다. 더 나아가 우리로 하여금 시험과 환란 속에서도 하늘의 복을 누리며 살아갈 수 있는 가장 현명한 방법을 가르치고 있습니다.

바라기는 이 책을 읽는 독자 여러분들이 하늘의 축복을 발견하고 또한 누리시길 바랍니다. 눈물과 한숨을 짓는 이 세상에서 우리가 누릴 하늘의 복이야 말로 지상최대의 축복인 것입니다. 바로 여러분들이 지상최대의 축복을 누리는 주인공들이 되시기를 소망합니다.

끝으로 부족한 원고를 잘 다듬어주신 류순화 사모님, 조현철 전도사님 그리고 김보람 선생님께 감사를 드립니다. 또한 좋은 책으로 나오기까지 수고해주신 정성민 선교사님께도 고마운 마음을 전합니다.

2008년 한가위에
바나바훈련원에서
저자 이 강 천

차례

■ 머리말 — 4

프롤로그 — 10

1 산에 오르신 예수님 — 18
예수께서 무리를 보시고 / 산에 올라가 앉으시니 / 제자들이 나아온지라

2 천국이 저희 것임이요 — 30
가난한 자 / 심령이 가난한 자 / 천국 원리의 범위 / 하나님 나라의 두 가지 차원
간증코너 : "등록 했어요?"

3 위로를 받을 것임이요 — 62
하나님의 위로 / 애통하는 자 / 애통을 가지고 하나님께로 / 심령이 가난한 자의 애통 / 깊은 애통, 깊은 위로 / 넓은 애통, 넓은 천국
간증코너 : "바나바행전을 통해 일하시는 하나님"

4 땅을 기업으로 받을 것임이요 — 90
땅을 기업으로 / 온유의 성경적 의미 / 온유한 사람들 / 하나님께 온유한 자 / 온유한 자가 차지하는 영적 영토 / 온유의 길
간증코너 : "또 다른 천국 경험"

산상수훈 다시 보기
지상 최대의 축복

5 **배부를** 것임이요 — 120
　　배부를 것임이요 / 의에 주리고 목마른 자

6 **긍휼히** 여김을 받을 것임이요 — 134
　　긍휼히 여김을 받을 것 / 긍휼히 여기는 자
　　간증코너 : "대상포진을 아시나요?"

7 하나님을 **볼** 것임이요 — 154
　　하나님을 보는 축복 / 마음이 청결한 자 / 잡스러운 쓰레기 치우기

8 하나님의 **아들이라** 일컬음을 받을 것임이요 — 174
　　하나님의 아들 / 화평케 하는 자 / 무너진 화평 / 화평의 길

　에필로그 하늘에서 **상이** 큼이라 — 195
　　하늘의 상급 / 의를 위하여 핍박을 받은 자

　　■ 부록 바나바 행전을 읽고 - 류순화 사모　— 206

순백의 미소

화려한 색조의 웃음보다
단아한 순백의 미소가
더 아름다운 것은 어쩜일까

그것이 가난한 자의 천국일까
애통하고 온유한 자의 분깃일까
주리고 목마른 자의 풍요일까

아마 그럴 거야
눈물 젖은 빵으로 자랐음 일거야
그보다 나은 영양소는 없을 테니까

프롤로그

난 촛불로 타오르고 있었습니다.
"마르다처럼 일만 하다가 왔습니다.
날마다 반복되는 끝이 없는 일 속에서 지치고 고단했습니다. 그리고 이게 아닌데 싶을 만큼 허전하고 뭔가 2% 부족한 것을 찾아 여기저기 기웃거리다가 한 해를 마무리 할 때마다 가득 채워야 할 창고를 반도 못 채운 무능력한 종처럼 상대적인 빈곤감과 패배감으로 가득 차 있었습니다.
내적으로는
비슷한 사이클로 굴러가는 내 삶은 한없이 느리고 바람 빠진 타이어처럼 쿨렁거렸습니다.

누군가가 사정없이 걷어찬 아킬레스건은 오래도록 마음에 깊은 생채기를 내고, 그리고 거기에 소금을 뿌려대는 무신경 때문에 마음에는 늘 빗장이 걸려있었지요.

환경은

바람과 파도는 폭력적이었고 그리고 난 아무것도 할 수가 없었습니다. 그냥 보는 것 밖에.

능력 없는 안타까운 사랑, 그것이 내 실체였습니다.

나는 점점 작아지고 있었습니다.

사람들이 여름 한 철만 빼고는 그 섬이 거기에 있는 것조차 잊어버리고 사는 것처럼 나 또한 잊혀 진 존재로 살아가는 게 아닌가 하는 생각을 하곤 했습니다.

잊혀 진 존재로 산들 뭐가 그리 대수로운 일이었겠습니까마는.

한없이 외롭고 때로는 정신 못 차릴 만큼 고단하기도한 삶이 점점 싫어지고 있었습니다.

마르다처럼 일만 하다가 왔습니다.

누가 건들면 금방 부서져 내릴 만큼 메말라 있었습니다.

같은 길을 가는 동역자로 인해 마음은 갈기갈기 찢기고 촛불로 타오르다가 내 생의 밑바닥을 보고야 말았습니다."

사모 영성훈련에 왔던 어느 사모의 글입니다.

여러 해 전 바나바 훈련원에서 사모들을 위한 영성훈련을 할 때입니다.

개강예배를 드리며 찬양을 하고 있는데 성령께서 훈련원에 온 사모들의 심령상태를 느끼게 하셨습니다.

사모들의 상처받은 마음을, 좌절을 몇 번씩이고 경험하여 상처투성이의 모습을 보게 하셨습니다.

상처로 인하여 메마르고 부서진 마음을 느끼게 하셨습니다.

기쁨과 감격은 없고 상처 때문에 지치고 병든 사모들의 아픈 마음을 보게 하셨습니다.

사모들의 상한 심령을 보게 하신 것이지요.

그리고 주님께서 그러한 하나님의 딸들, 사모들의 아픔을 치유하기를 원하신다는 마음의 감동을 주셨습니다.

나도 그들이 치유되고, 힘을 얻게 되기를 간절히 사모하게 되었습니다.

주님이 느끼게 하신 마음으로 기도하며 말씀을 전하게 되었습니다.

그때 그 강의는 단순히 지식을 가르치는 것이 아니고, 그들의 아픔을 느끼며 그들에게 다가가시는 하나님의 치유의 손길을 전하는 간절함으로 하게 되었습니다.

특별한 내적치유 수양회가 아니었지만 많은 사모들이 마음의 상처가 치유되고, 긴장에서 해방되고, 다시 성도들을 섬길 힘을 얻고, 병든 육체가 회복되는 시간이었습니다.

거기에 모였던 사모들이 감격하여 울고, 새로운 삶과 사역에 용기를 얻고 자신감을 얻는 모습을 볼 수 있었습니다.

그 시간은 성령께서 사모들의 영적 상태를 하나님의 눈으로 나도 보게 하시고, 하나님의 마음으로 하나님의 사랑을 전하게 하신 시간이었습니다.

복을 누리고 복을 나누어주어야 할 사모들이 오히려 그 영혼이 빈곤해져서 비참한 삶을 사는 것은 하나님이 원하시는 것이 아닙니다. 하나님은 예수의 복음, 즉 복된 소식을 전하는 자들이 먼저 그 복을 누리시길 원하십니다.

하나님이 주시고자 하는 풍성한 축복을 먼저 누린 자들만이 그 복의 통로가 될 수 있습니다. 하나님은 우리가 성경이 말하는 복을 바로 이해하고 또한 그 복을 누리길 원하십니다.

이제 우리는 예수님이 말씀하시는 복이 무엇인가를 살펴보아야 할 것입니다. 왜냐하면 하나님이 주시고자 하는 진정한 복을 바르게 이해하지 않고서는 그 복을 바르게 전할 수도 그리고 누릴 수도 없기 때문입니다.

산상 수훈은 팔복으로 시작됩니다.
여덟 가지 복된 삶에 대하여 가르치고 있습니다.
사람들은 누구나 복 받기를 소원합니다.
옛날 우리 선조들은 모든 생활 용기에 '복(福)' 자를 새겨 넣고 복을 기원하곤 하였습니다.
옷 무늬에도 福, 장롱에도 福, 밥그릇에도 福, 어디든지 새겨 넣은 글자가 福이었습니다.
이로 보건대 사람들은 복에 목이 마른 존재들입니다.
그런데 문제는 진정한 복을 알지 못하여 방황하고 있다는 것입니다.

그러면 복이 무엇인가요?
예전에는 우리가 새해 인사할 때나 어느 집에 방문했을 때 "복 받으십시오." "축복합니다."라고 인사하였습니다. 특히 "새해 복 많이 받으십시오."라는 인사는 신년 인사로 보편화

되었습니다.

그런데 요즘에는 이 말이 아예 "새해 부자 되세요."라는 말로 바뀌었습니다.

노골적으로 돈 많이 벌어 부자 되라는 말로 인사를 합니다.

그 동안에도 복 받으라는 말은 돈 많이 벌어 부자가 되라는 말로 사용되어 왔다고 보아도 과언이 아닐 것입니다.

보통 돈 많이 버는 것을 복 받는 것으로 생각한다는 것을 단적으로 나타내는 말입니다.

또는 출세하고 부귀영화를 누리는 것을 복으로 생각합니다. 그러니 인생들이 참된 복을 알지 못하고 방황하고 있는 것이지요.

바로 이 복된 삶에 대하여 길을 잃은 무리들을 예수님은 불쌍히 여기시고 진정한 복을 가르치려 하시는 것입니다.

그래서 예수님은 "복이 있나니"라는 말로 가르치기를 시작하신 게 틀림없습니다.

우선 기본적으로 복된 삶의 여덟 가지 원리를 가르치는 것으로 산상수훈은 시작됩니다.

복된 삶, 예수님이 가르쳐주시는 복된 삶이 무엇일까요? 이제 이 문제를 진지하게 묵상해 볼 것입니다.

16

1, 산에 오르신 예수님

예수께서 무리를 보시고 산에 올라가 앉으시니
제자들이 나아온지라 입을 열어 가르쳐 가라사대
... 마태복음 5:1

예수께서 무리를 보시고

산상수훈의 이야기는 "예수께서 무리를 보시고"라는 말로 시작됩니다.

예수께서 무리를 보셨다는 것은 바로 무리의 필요와 그들의 형편을 아시게 되었다는 것입니다.

그래서 그들의 필요를 따라 그들을 구원하시고, 치유하시고, 해방하시고, 새롭게 하시어 복 주시려는 가르침이라는 것을 쉽게 알아차릴 수 있습니다.

예수께서 보시는 곳에서 언제나 치유와 회복의 역사가 시작됩니다.

예수께서 무리를 보시는 눈은 사랑과 긍휼의 눈이기 때문입니다. 예수께서 무리를 보시고 치유와 회복의 기적을 베푸시곤 하셨다는 것을 성경은 여러 번 기록하고 있습니다.

예수께서 가르치실 때는 그 목자 없는 양 같음을 인하여 불쌍히 여기사 가르치셨다고 기록합니다(막 6:34). 목자 없는 양같이 방황하는 무리들의 모습을 보시고 그들에게 진리의 길을 가르치려 하신 것입니다.

예수님이 무리를 보시는 눈은 긍휼의 눈입니다.

마태복음 14:14에서 예수님은 그 무리들이 병들어 고침 받아야 할 사람들임을 보십니다.

병든 사람들을 보시고 불쌍히 여기사 고치십니다.

긍휼히 여기는 눈, 불쌍히 여기는 사랑의 눈, 예수님의 그 눈길이 머무는 곳에는 역사가 일어납니다.

요한복음 6:5에서 예수님은 또 다른 차원에서 무리를 보시고 불쌍히 여기는 눈을 보여 주십니다.

무리가 굶주리고 있는 것을 보신 것입니다.

예수께서 무리를 보시고 그 굶주린 상태를 아시고 불쌍히 여기십니다. 오병이어의 기적을 베푸셔서 굶주린 무리들을 먹이십니다.

이렇듯 예수님이 무리를 보실 때 위대한 역사가 일어나곤 합니다.

예수님의 눈은 사랑의 눈이었고, 인생들은 언제나 무엇인가 모자란 가난한 인생이었고, 병든 인생이었고, 무지한 인생이었기 때문에 주님의 사랑의 눈은 이들을 보고 그냥 넘어가지 못하고 언제나 그들의 필요를, 그들의 가난을, 그들의 질병을, 그들의 방황을 해결하려 하신 것입니다.

여기 산상 수훈 서두에 예수께서 무리를 보시고 입을 열어 가르쳤다고 기록하고 있습니다.

예수님은 여기서 무엇을 보셨기에 가르치기 시작하셨을까요?

예수님이 보신 무리는 어떤 무리였을까요?

여기서도 예수님의 눈은 무리가 가난하고, 병들고, 방황하는 모습을 보신 것입니다.

참된 기쁨, 참된 행복, 참된 보람, 참된 가치, 참된 인생을 알지 못하여 헛된 것에 인생을 소모하며 싸우고 다투며 절망하고 좌절하며 불행하게 살아가고 있는 인생들을 보신 것입니다. 어떤 이는 산상수훈을 천국시민의 윤리라고 해석하는 사람이 있습니다.

윤리로 본다면 이러한 말이 되겠지요. "너희가 천국시민이란 말이냐 그렇다면 산상수훈대로 살아라."

과연 예수님은 윤리를 가르쳤을까요?

성경에는 윤리가 수없이 많이 기록되어 있습니다. 그래서 우리는 성경을 윤리적 관점에서 윤리적 교훈으로 해석하려는 경향이 많습니다.

그러나 이미 본대로 예수님은 언제나 무리를 불쌍히 여기는 눈으로 보시고 저들을 불쌍히 여기사 저들의 필요를 해결하시려고 가르치셨습니다.

그렇다면 이 산상수훈에서도 예수님은 윤리를 가르쳤다기보다는 천국을 누리도록 사랑으로 천국의 원리를 가르치고 있다고 보는 것이 맞을 거라는 생각이 듭니다.

그래서 나는 이 말씀들을 천국의 원리로 이해하고 이야기하려고 합니다.

그러니까 이런 것이지요.

"너희는 천국을 알지 못하여 방황하고 있구나. 이렇게 살아보아라. 그러면 이 지옥 같은 세상에서도 천국을 누리며 살게 될 것이다."

우리가 이것을 읽고 있는 지금도 예수님은 우리가 천국을 알지 못하고 천국을 누리지 못하는 것을 불쌍히 여기시고 이 말씀을 깨닫고 천국의 삶을 누리게 되기를 소망하고 계십니다.

이제 성령으로 깨닫게 하실 것입니다.

따라서 이 산상수훈을 읽고 묵상하는 동안 우리는 천국의 원리를 깨닫게 될 것이고, 또 천국을 누리는 삶을 살게 될 것입니다.

산에 올라가 앉으시니

얼마 전 중국 청도에 가서 한 주간 사역을 하는 동안 영산의 산중턱에 있는 복지원 건물에서 나흘을 머물게 되었습니다.

그 영산에서 내려다보면 황도 개발구 쪽 도시가 내려다보입니다.

산 위에서 내려다보니 수많은 사람들이 바쁘게 오가는 모습이 보이더군요.

저 사람들은 무엇을 위하여 지금 바쁘게 움직이고 있을까?

무엇을 위하여 사는 것일까?

어떤 가치를 추구하며 살아가고 있을까?

많은 무리의 사람들을 보면서 생각했습니다.

그리고 또 나는 무엇을 위하여 살고 무엇을 추구하며 사는가를 생각해 보기도 하였습니다.

그 산에서 조용히 나의 삶을 들여다보고 사람들의 살아가는 모습도 묵상해 보았습니다.

삶의 진정한 가치가 무엇인가 하는 문제들을 깊이 있게 생각해보는 시간이 되었습니다.

보다 큰 가치, 보다 높은 가치, 보다 깊은 가치, 주님의 가치를 추구해야할 것을 다짐하고 이 세상의 가치관인 명예를 구하지 않기로 다짐하는 시간을 갖기도 하였습니다.

"산에 올라가 앉으시니"라는 이 말씀은 참 재미있습니다.

예수님은 자주 산에 올라가 앉으셨는데 그러면 제자들이나 무리가 예수님 주위에 모여 들었습니다.

그때 예수님은 이들을 바라보며 가르치시거나 중요한 일을 말씀하십니다.

이 산은 어떤 산일까요?

아무래도 이 산은 외형상 뭐 대단한 산은 아닌 것 같습니다. 이스라엘의 산이라야 대개 바닷가보다 조금 높은 언덕쯤 되는 것이니까요.

마태복음 15:29에 보면 '갈릴리 호숫가에 이르러 산에 올라가 앉으시니' 라고 기록된 부분이 있습니다.

1. 산에 오르신 예수님

마가복음 3:13에도 '산에 오르사 자기의 원하는 자들을 부르시니 나아온지라' 라고 기록되어 있고, 요한복음 6:3에도 '예수께서 산에 오르사 제자들과 함께 거기 앉으시니' 라고 기록되어 있습니다.

갈릴리 호숫가에는 높고 우람한 산은 없고 나지막한 언덕 수준의 산이 있습니다.

이스라엘을 방문했을 때 갈릴리 바닷가 언덕에 팔복교회라는 기념교회가 세워져 있는 것을 볼 수 있었는데 그다지 높은 산은 아니었습니다. 산이 높으냐 혹은 낮으냐 하는 것은 중요한 것이 아닙니다.

그러나 예수님이 중요한 가르침을 주려 하실 때마다 산에 올라가 앉으셨다는 기록이 많은 것을 보면 산이 의미하는 것이 분명 있을 것이라는 사실을 알아야 합니다.

예수님은 분명히 무리가 방황하는 현장을 보셨습니다.

그런데 가르침은 언제나 바로 거기서 한발 짝 물러나 산으로 올라가셔서 주셨습니다.

문제투성이인 현실을 잠시 놓아두고 좀 높은 데로 올라와 보라고 하시는 상징적인 행위같이 보입니다.

그 가난함과 병듦과 절망과 방황의 현장에서 잠시 떠나 산으로 올라와 보라고 하시는 것 같습니다. 주님이 제시하시는 보다 나은 인생, 보다 높은 가치, 보다 복된 인생의 길을 찾아 올라오라고 하시는 것 같습니다.

그렇습니다. 우리는 종종 복잡한 우리 삶의 현실을 접어두고 보다 높은 가치, 보다 나은 길을 찾아보아야 합니다.

삶의 현장에서 한 발짝 물러나 지금 가고 있는 이 길이 주님이 지시하시는 이정표대로 가고 있는지 확인할 필요가 있는 것입니다.

복잡한 현실을 잠깐 접어놓고 우리도 조용히 차분하게 주님이 인도하시는 길을 따라나서 볼까요?

한 걸음만 높은 곳으로 이동하여 보시기 바랍니다.

주님 앞에 모여 앉아 있는 무리들 가운데 우리도 앉아 봅시다. 그리고 주님의 가르침에 조용히 귀 기울여 봅시다.

제자들이 나아온지라

예수님이 산언덕에 앉으십니다.

무리는 언덕 아래 평지에 모여 있고 제자들은 예수님 가까이에 앉아 있습니다.

그리고 그 무리들 가운데 '나'도 앉았습니다.

예수님은 먼저 제자들을 향하여 말씀하십니다.

그러나 사실은 무리 전체를 보시고 불쌍히 여기사 가르치시기 시작한 것이고 실제로 무리들도 이 말씀을 듣고 있었으며 들은 무리들이 놀라고 감탄하였다고 기록하고 있습니다(마 7:28-29). 그렇다면 무리들도 일부 듣고는 있었지만 우선적으로는 제자들에게 가르치고 있었다는 이야기입니다.

여기에 어떤 중요한 암시가 있는 것은 아닐까요?

예수님은 무리를 보셨습니다.

그 무리들의 불행한 모습을 보았습니다.

그러나 그 무리를 향하여 외치신 것은 아닙니다.

산에 올라가 앉으시고 제자들이 나아오자 무리를 보시고 불쌍히 여기십니다. 무리들이 기쁨과 감격을 잃고 천국을 누리지 못하고 있는 것에 대하여 제자들에게 말씀하십니다.

결국 예수님은 제자들을 가르쳐서 제자들로 하여금 이 불쌍한 무리들을 가르쳐 천국으로 인도하도록 하려는 의도가 아니고 무엇이겠습니까?

그렇다면 이제 우리가 함께 이 진리를 깨달아 천국의 삶을 누리고 더 나아가서는 천국을 알지 못한 채 인생을 불행하게 살고 있는 많은 사람들에게 천국의 원리, 천국의 삶을 전해야 할 것입니다.

코스모스의 노래

가난함을 가난으로 알지 못한 채
가난하게 살아온 가난의 세월이
가련하기만 합니다.

심령이 가난한 자 되어
하늘을 보니
거기엔 아름다움이 가득합니다.

내가 밤낮 없이
하늘 향해 얼굴을 드는 것은
하늘의 풍요를 사모함이요
하늘의 은총을 감사함이라

가난한 영혼들 오세요.
마음 모두어 합심을 해요
보세요 이렇게
하늘에 기대어 쉬어 보세요

1. 산에 오르신 예수님

2, 천국이 저희 것임이요

심령이 가난한 자는 복이 있나니
천국이 저희 것임이요 ..마 5:3

가난한 자

그런데 여기 첫 말씀은 가난한 자가 복이 있다는 것입니다. 이곳 마태복음에서는 '심령이 가난한 자는 복이 있다'고 말하고 있지만 누가복음에서는 그냥 '가난한 자는 복이 있다'고 말합니다.

> 예수께서 눈을 들어 제자들을 보시고 가라사대 가난한 자는 복이 있나니 하나님의 나라가 너희 것임이요 (눅 6:20)

예수님은 심령이 가난한 자가 복이 있다고 하셨는데 누가는 심령이란 말은 못듣고 가난한 자가 복이 있다고만 들은 것일까요?

아니면 예수님은 가난한 자가 복이 있다고 하셨는데 마태는 아무래도 가난 자체가 복이라고는 할 수 없다고 해석하여 심령이 가난한 자가 복이 있다고 하신 말씀으로 이해하고 심령이란 말을 덧붙인 것일까요?

아니면 두 가지 차원을 예수님께서 말씀하셨는데 한 가지씩만 들은 것일까요?

이러한 의문에는 정답을 얻기가 힘듭니다.

아마도 성경이 성령의 통치 아래 기록된 것이라고 믿을 때 마태나 누가나 다 오류 없이 기록하도록 섭리되었다면 둘 다 말씀 하신 것을 한 면씩 듣고 기록한 것일지 모른다고 생각됩니다.

그래서 서로 보완하고 있다고 본다면 우선 가난한 자가 복이 있다고 말씀하신 것이 무슨 뜻일까를 묵상하여 보게 됩니다.

가난한 자는 복이 있다고 분명히 예수님은 말씀하셨습니다. 이 말씀은 무슨 의미일까요?

예수님은 실제로 가난한 자들에게 희망의 메시지를 던지고 계신 것입니다.

지금도 그렇거니와 당시에도 많은 가난한 사람들이 희망 없이 떠돌며 절망하고 있었던 것입니다.

이 가난과 저주 아래 살고 있는 사람들에게 "절망하지 말라. 너희들에게 복이 있다. 그 복을 잡으라."고 선포하고 계신 것입니다.

일반적으로 가난한 사람들은 저주 아래 있는 것으로 생각합니다.

소망이 없다고 생각합니다.

그래서 가난한 사람들은 절망합니다.

세상은 부자들의 세상인 것처럼 느껴집니다.

성경도 부자와 빈자의 현실을 잘 묘사합니다.

부자의 재물은 그의 견고한 성이요 가난한 자의 궁핍은 그의 패망이니라.(잠 10:15)

과연 세상은 부자들의 세상처럼 보입니다.

부자들만이 살 맛 나는 삶을 살고 가난한 자는 절망에 갇혀 있습니다.

가난한 자는 간절한 말로 구하여도 부자는 엄한 말로 대답하

느니라.(잠 18:23)

부자는 가난한 자를 주관하고 빚진 자는 채주의 종이 되느니라.(잠 22:7)

가난한 자는 부자의 압제 아래 있거나 부자의 기세에 눌려 사는 가련한 인생으로 취급됩니다.

세상적으로 말하면 가난한 자에게는 희망이 없습니다.

가난한 자의 현실은 비굴이요, 모욕이요, 절망이요, 좌절입니다.

그러나 예수님은 그러한 사람들에게도 복음을 말씀하십니다.

가난한 자라고 절망하지 말라고 외치십니다.

가난한 자는 천국을 얻을 가능성이 훨씬 많고 가까이에 있다는 것입니다.

부자가 되는 것만이 인생의 희망이 아니라 진정한 희망은 천국을 누리는 삶이라는 것입니다.

하나님 나라의 길은 오히려 가난한 자들에게 더 크게 열려 있다는 것입니다.

"가난하다고 절망하지 말라. 너희에게 복음이 있다. 너희는 천국을 찾으라. 너희를 위하여 천국이 예비되어 있다."

그렇게 희망의 메시지를 선포하고 계십니다.

부자냐 빈자냐 하는 것이 인생의 행과 불행을 가늠하는 유일한 잣대가 아니라고 가르치십니다.

더 큰 가치, 더 큰 행복, 더 큰 기쁨의 인생, 천국의 인생이 있다는 것을 가르침으로써 부유함과 가난함을 뛰어 넘는 훨씬 더 큰 축복의 세계로 이끄시려는 것이지요.

생각해보면 나의 인생에서도 가난이라는 절망의 세월이 있었습니다.

피난시절은 그야말로 핍절한 세월이요 가난의 극치를 경험하던 시절이었습니다.

그리고 나와 우리 가정은 불행했습니다.

저주와 절망의 포로가 되어 있었던 것이지요.

그러다가 전도를 받고 예수님을 알게 되고 가족들이 한 사람 한 사람 하나님의 자녀로 회복되고 천국을 알게 되었습니다. 부유함과 가난함을 뛰어 넘는 축복을 알게 된 것이지요. 가난이 완전히 물러가지 않은, 여전히 가난한 삶 속에서도 절망이 아닌 소망 가운데서 천국을 누리며 살게 된 것을 보여주는 일화가 저의 자서전인 '바나바행전'에 기록되어 있습니다.

예수 믿기 전에는 원망이요, 짜증이었던 일이 주님을 모시고 사는 천국이 되니 비가 새는 집에 살면서, 지붕에서 방으로 떨어지는 물줄기를 보면서도 "허허 앉은 자리에서 그것도 공짜로 폭포수 감상하네 그려." 하고 웃으며 물을 받아낼 수 있었습니다.

천국을 모를 때 아버님이 "우리 집 밥상은 정말 초지일관이야, 늘 푸른 초원이라니까." 하고 시적인 반찬 투정을 하면 "돈 벌어와 봐 누구는 반찬 할 줄 몰라서 안하는 줄 알아?" 이렇게 가시가 돋힌 대답이 튀어 나오곤 했습니다.

그러나 가족들이 주님을 모신 후에는 같은 반찬 투정을 해도 "어허 초원이 푸르다 보면 송아지 망아지가 뛰어 놀겠지." 하며 웃음으로 받아 넘기는 여유가 생겼습니다.

"가난한 자들아 절망하지 말라. 내가 너희에게 돈 다발을 주리라." 이것만이 복음이 아니라 더 큰 복음 "가난한 자들아 너희는 가난하다고 절망하지 말라. 너희가 천국을 얻어야겠다. 너희에게 내가 천국을 주마. 부자보다 더 큰 복, 천국을 받으라." 주님이 그렇게 말씀하고 계신 것입니다.

그러기에 주님이 이 땅에 오신 것이 가난한 자에게 복음을 전하기 위해서라고 성경은 말합니다.

가난이라는 절망과 저주에서 사람들을 건지시고 해방하시러 주님이 오신 것입니다.

주의 성령이 내게 임하셨으니 이는 가난한 자에게 복음을 전하게 하시려고 내게 기름을 부으시고 나를 보내사 포로된 자에게 자유를, 눈먼 자에게 다시 보게 함을 전파하며 눌린 자를 자유케 하고 (눅 4:18)

심령이 가난한 자

그러나 가난하다고 자동적으로 천국을 얻는 것이 아닙니다. 진실로 복이 있는 사람은 심령이 가난해지는 사람입니다.

단순히 육신적인 가난이 아니라 심령이 가난한 자는 진실로 복된 것이지요.

심령이 가난하다는 것은 자신의 가난함을 인정하고 그의 삶에 하나님으로 부요를 삼는 것입니다.

나는 어린 시절 6.25전쟁 피난민으로 살아갈 때 너무 가난하여서 먹지 못하고 병들어 위장병, 폐병, 심장병 그렇게 삼중환자가 되어 절망적이었습니다.

이런 상황에 있는 나에게 피난 가서 살던 동네의 유일한 신자 가정의 가장이요, 친구의 아버지이신 집사님이 전도하려고 많은 애를 썼습니다.

그러나 나는 다 죽게 되었으면서도 어찌나 교만한지 보이지 않는 하나님을 믿을 수 없다고 부정했습니다.

또한 그 당시 아버지를 무지하게 미워하면서도 나는 죄인이 아니니 예수가 필요 없다고 버티면서 여전히 그 저주 그 절망 가운데서 전도를 거부하고 있었던 것을 기억합니다.

심령이 가난한 자가 아니니 부유하시고 위대하신 사랑의 주님을 내가 사모하지 못했던 것이지요.

심령이 가난한 자가 되어야 천국을 누리게 될 것이므로 심령이 가난한 자가 복이 있다고 말씀하시는 것인데 이제 심령이 가난한 사람들이란 어떤 사람들을 가리키는 것인지 이해할 차례가 되었습니다.

사실 우리는 영적인 의미에서 모두 가난한 사람들이라고 해야 할 것입니다. 영적 부요를 누리지 못하고, 상하고, 눌리고, 보지 못하고, 포로 된 영혼들로 이 세상을 사는 것이 사실입니다.

하나님 없이는 가난한 것뿐이지요.

이렇게 말할 때 "나는 하나님 없이도 가난하지 않다."라고 말하는 사람이 있을 것입니다.

여기서 문제는 가난을 가난으로 인식하고 하나님의 부요

를 누리게 되느냐 아니면 가난하면서도 부요한 줄로 알고 그대로 가난한 채로 사느냐의 차이가 있을 뿐이지 우리는 모두 다 가난하다는 것이 성경이 보여주는 진리입니다.

요한 계시록은 이러한 사실을 잘 지적하여 깨닫게 하고 있습니다.

> 17 네가 말하기를 나는 부자라 부요하여 부족한 것이 없다 하나 네 곤고한 것과 가련한 것과 가난한 것과 눈먼 것과 벌거벗은 것을 알지 못하도다
> 18 내가 너를 권하노니 내게서 불로 연단한 금을 사서 부요하게 하고 흰 옷을 사서 입어 벌거벗은 수치를 보이지 않게 하고 안약을 사서 눈에 발라 보게 하라 (계 3:17-18)

이 말씀에 보면 분명히 라오디게아 교회는 가난한 상태에 놓여 있었습니다. 그러나 그들은 자신들이 가난하다는 것을 깨닫지도 못하고 있었지요. 스스로 부자라고, 부족한 것이 없다고 착각하고 있었던 것입니다.

이는 실제로는 가난하나 가난을 인식하지 못하고 영적으로 부요하다는 착각과 교만에 빠져 있었다는 것을 보여 줍니다.

이제 우리는 심령이 가난하다는 것이 무엇을 의미하는지 감을 잡게 되었습니다.

심령이 가난하다는 것은 자신의 가난함을 영적으로 인식하고 하나님 앞에서 갈급해 하는 것입니다.

"심령이 가난한 자는 복이 있나니"라고 말할 때 '심령이 가난하다'는 것은 '영적으로 가난하다' 라는 뜻입니다. 결국 '영적으로 가난한 자는 복이 있다'는 뜻이 되는 것입니다.

영적으로 가난하다는 뜻은 영혼이 가난하다는 뜻과는 다른 것입니다. 영적으로 가난하다는 것은 영적으로 가난하다는 것을 느끼는 상태입니다.

영혼이 가난하다는 것은 영혼이 아무것도 가진 것이 없어 가난하다는 것을 말하는 것이고 이런 의미에서 우리는 모두 영혼이 가난합니다.

그래서 영혼이 가난하다는 것은 가난하다는 사실 자체를 말하고 있습니다. 그러나 영적으로 가난하다, 심령이 가난하다 할 때는 그 가난을 영적으로 인식하고 영적 부요를 갈급하게 되는 것을 의미합니다.

자신의 가난함을 인정하고 영적으로 하나님 앞에 서는 자를 가리킨다고 볼 수 있습니다.

예수님은 바리새인과 세리의 기도를 대비시킴으로써 심

령이 교만한 자와 심령이 가난한 자의 모습을 보여주고 있습니다.

누가복음 18:10~14을 보면 바리새인은 "하나님이여 나는 다른 사람들 곧 토색, 불의, 간음을 하는 자들과 같지 아니하고 이 세리와도 같지 아니함을 감사하나이다."라고 기도하는 반면 세리는 멀리 서서 감히 눈을 들어 하늘을 우러러 보지도 못하고 다만 가슴을 치며 가로되 "하나님이여 불쌍히 여기옵소서 나는 죄인이로소이다."라고 기도하는 것을 볼 수 있습니다.

바리새인은 영적으로 교만한 자의 모습이고 세리는 영적으로 가난한 자 즉 심령이 가난한 자의 모습입니다.

심령이 가난한 자만이 하나님을 찾고 구하게 됩니다.

자신의 모자람과 죄를 알게 되어 주님을 찾게 됩니다.

하나님을 모시는 자가 됩니다.

심령이 가난한 자만이 하나님을 구하고 찾고 영접하게 된다는 말입니다.

우리가 우리의 삶 속에 하나님을 모셔 들일 때 그것이 천국의 시작인 것입니다.

이제 천국의 문으로 들어선 것입니다.

그러므로 인생의 진정한 복은 천국을 누리는 것이고 천국은 하나님을 모셔 들이는, 심령이 가난한 자의 몫이 되는 것입니다.

영동 중앙교회에서 시무 할 때 한 번은 집사님들과 함께 검정 고무신이란 별명을 갖게 된 어떤 할아버지를 전도하러 간 일이 있었습니다.

그 할아버지를 전도 대상으로 삼고 같이 가자고 했을 때 집사님들은 모두 고개를 저었습니다. 그 할아버지는 여러 번 전도를 시도하였으나 그때마다 검정 고무신 이야기를 꺼내면서 언제나 복음을 거절한다는 것이었습니다.

그러므로 가봐야 소용없다는 것입니다.

그래도 한 번 가보자고 할아버지를 만나러 갔습니다.

우리가 인사를 하고 복음을 전하려고 하니 할아버지는 역시 그 검정 고무신 이야기를 꺼냈습니다.

할아버지의 젊은 시절, 친구가 강권하여 예의상 교회를 한 번 가본 적이 있었답니다. 그 당시는 대부분의 사람들이 짚신을 신고 다니던 시절이었는데 자신은 어쩌다 검정 고무신을 신고 교회에 갔답니다. 말하자면 검정 고무신은 당시로서는 매우 귀한 것이었지요.

그런데 예배를 드리고 나와 보니 그 검정 고무신이 없어졌다는 것입니다. 그래서 교회에는 도둑놈들만 다니는구나 싶어 그 이후로는 한 번도 교회에 가지 않게 되었답니다.

자기는 교회는 안다녀도 남에게 해를 끼치거나 도적질 한 적이 없어 천국이 있다면 자신이 천국에 가고, 지금 교회에 다니는 도둑놈들은 천국에 갈 수 없다고 자기 의에 빠져 교회 다니는 사람들을 평생 정죄하며 살아왔다는 것입니다.

대체로 이같이 사람들은 자기 의에 빠져 하나님의 은혜가 필요함을 모르는 경우가 많습니다.

이러한 경우 그가 천국을 알 리 없는 것이지요.

그래서 나는 이렇게 설명해 나갔습니다. "교회에 다니는 사람 중에 진정으로 예수 믿는 사람은 고무신 같은 것 훔치지 않습니다. 그날 예수 믿지 않는 사람이 왔었거나 혹 교회 다녀도 아직 예수님을 진정으로 모르는 사람이 유혹을 받아 고무신을 훔쳐 간 모양인데 할아버지는 수십 년간 예수 믿는 사람들이 도적질하였다고 정죄하며 살아 오셨습니다.

도적질한 사람은 예수 안 믿는 사람인데 예수 믿는 사람을 도적으로 몰아 수십 년 욕을 하고 정죄한 이 죄가 얼마나 큰지 아십니까?" 라고 말하자 이때 성령께서 그를 감동하신 모양입니다.

그 할아버지가 "아 그렇군요. 내가 죄를 많이 지었습니다. 내가 큰 죄인입니다." 그 때 그는 예수님의 사죄의 은총이 얼마나 감사한지를 깨닫게 되고 자신이 죄인임을 고백하고 예수님을 주로 영접하는 일이 이루어졌습니다.

영적 가난을 깨닫는 것이 심령이 가난한 자의 모습인데 여기서 천국의 문은 열리는 것입니다.

예수님은 돌아 온 아들의 비유에서 이러한 진리를 보여 주고 있습니다.

누가복음 15장에는 아름다운 단편 이야기가 서술되어 있습니다.

아버지를 졸라서 자신의 유산을 미리 받은 둘째 아들이 돈을 다 써버린 후에 극빈민이 되어 아버지 집을 그리워합니다.

'내 아버지 집에는 양식이 풍족한 품꾼이 얼마나 많은고? 나는 여기서 주려 죽는구나!'

아버지의 풍족함을 눈물겹게 그리워하는 아들은 '스스로 돌이켜' 아버지 집으로 향합니다.

둘째 아들이 자신의 가난함을 인식하고 심령이 가난한 자가 되지 않았다면 아버지께 돌아 올 수 없었을 것입니다.

돌아오지 않았다면 아버지의 풍요한 삶이 자신의 것이 될 수도 없었습니다.

둘째 아들이 심령이 가난한 자가 되었을 때 복 있는 자가 된 것입니다.

천국의 문은 심령이 가난한 자에게 열리는 것이지요.

하나님 없는 삶은 가난한 삶입니다.

이 가난을 깨닫게 되면 하나님을 찾게 되고, 그분을 의지하게 되고 하나님을 모시고 살아가게 됩니다.

이것이 천국입니다.

천국 원리의 범위

그렇다면 이 원리는 최초로 구원 받게 되는 관문으로서 회개에 이르게 하는 원리로만 사용되는 것일까요?

물론, 그렇지 않습니다. 이미 회개하고 믿음으로 살아가는 사람들에게도 이 원리는 계속해서 적용됩니다.

우리가 자신의 가난함을 알고 주님께 간구하는 삶을 살아갈 때 풍성한 하나님의 은혜를 받게 되고 누리게 되는 것입니다.

우리는 "내가 부자다"하는 순간 하나님께로부터 멀어지게 되고 하나님 앞에서 "나는 가난한 자입니다" 라고 고백할 수 있을 때는 언제나 풍성한 은혜로 임하시는 하나님으로 인하여 천국을 누리는 삶을 살게 되는 것입니다.

인생의 진정한 축복은 천국을 누리는 것입니다.

그리고 천국은 하나님을 구하고 모시는 삶에서 이루어집니다.

그리고 하나님은 하나님을 필요로 하고 구하는, 심령이 가난한 자에게 오시고 함께 하시는 것입니다.

그러므로 천국은 심령이 가난한 자의 것이지요.

우리 모두 심령이 가난한 자로 교만하지 않고 주님의 은혜를 구하는 자로 살아야겠습니다.

이제 천국의 원리를 이해하기 위하여 천국이 무엇인가 하나님 나라가 어떤 것인가를 먼저 이해할 필요가 있습니다.

하나님 나라의 두 가지 차원

성경은 기본적으로 우리를 하나님 나라로 이끌어 주는 말씀의 종합이라고 볼 수 있습니다.

그래서 성경에는 하나님의 나라에 관한 말씀이 많습니다. 그런데 적어도 하나님 나라에 관한 말씀에는 크게 두 가지 차원이 있음을 보게 됩니다.

하나는 저 천국이고, 하나는 이 천국 개념입니다.

즉 하나는 우리가 이 세상을 떠나서 들어가는 영원한 하늘의 천국이요, 또 하나는 우리가 이 세상에 사는 동안 이 땅에서 누리는, 또는 이 땅에 임하는 천국입니다.

그렇다면 산상수훈은 저 천국의 원리일까요?

여기에 임하는 천국의 원리일까요?

물론 둘 다 포함하는 것이지요.

그러나 이 세상, 즉 천국이 아닌 이 세상 속에서 천국을 누리는 원리를 가르치고 있는 것으로 보는 것이 더 맞는 이해일 것입니다.

저 천국에 들어가려면 산상수훈대로 살아야 하겠지만 더욱 중요한 것은 여기서, 천국이 아닌 이 세상 속에서 어떻게 천국을 누릴 수 있는가를 가르치는 천국의 원리가 산상수훈인 것입니다.

그렇다면 이 세상 속에서의 천국의 원리는 무엇을 의미하는 것일까요?

천국은 하나님이 통치하시는 나라입니다.

이 땅에서도 하나님의 통치가 이루어지는 곳이 천국이 됩니다.

따라서 산상수훈의 원리는 결국 우리의 삶 속에 하나님을 초대하고 모시고 하나님이 다스리게 하는 원리인 것이지요.

내 삶에 하나님을 왕으로 모시는 일입니다.

우리 가정에 하나님을 왕으로 모시는 일입니다.

하나님의 말씀이 나를 통치하게 하는 것입니다.

하나님의 말씀이 우리 가정을 통치하게 하는 것입니다.

그러므로 "하나님을 볼 것임이요." "하나님의 아들이라 일컬음을 받을 것임이요."하는 축복이 삶의 현장에서 복이 되게 하는 것입니다.

여기서 진정한 복은 천국을 누리는 것이며 천국은 하나님이 임하시고 동행하시는 삶이라는 것을 배우게 됩니다.

그러므로 나의 마음에, 우리 가정에, 우리 교회에, 이 나라와 사회에 어떻게 하나님을 왕으로 모시느냐 하는 것이 이 땅에서 천국을 누리는 관건이 되는 것입니다.

그리고 산상수훈은 하나님을 우리 삶 속에 온전히 모시는 원리들인 것입니다.

이 원리가 어떤 것인지 좀 더 배워 보기로 하지요.

[창조] – [위임] – [타락] – [회복]

[창조] 하나님이 창조한 세상

이 세상은 원래 하나님이 창조하신 하나님의 소유된 땅입니다. 이 세상은 하나님의 것이며, 하나님이 주인이시며, 하나님이 왕이십니다.

성경은 하나님이 천지를 창조하셨다(창 1:1)고 분명하게 선포합니다.

[위임] 사람에게 위임한 땅

그런데 하나님께서는 하나님의 형상대로 지으신 사람에게 이 땅의 일을 맡기시고 위임하셨다는 것이, 이 땅을 인간에게 주셨다는 것이 성경의 가르침입니다.

창세기 1:26-28에 보면 하나님은 하나님의 형상대로 사람을 창조하시고 사람으로 하여금 땅의 모든 생물을 다스리도록 하셨습니다. 시편에는 이런 말씀이 있습니다.

> 하늘은 여호와의 하늘이라도 땅은 인생에게 주셨도다.
> 땅과 땅에서 일어나는 일들을 하나님은 인간에게 맡기셨습니다.
> 인간이 왕이요 제사장으로서 땅의 일을 다스리고 책임지도록
> 인간에게 땅을 주시고 맡기셨다는 것입니다. (시 115:16)

[타락] 마귀에게 내어준 바 된 땅

그런데 문제는 이 땅, 이 세상을 위임 받은 인간이 타락하여 하나님 앞에 죄인이 되어서 사탄에게 지배를 받게 되었다는 사실입니다.

하나님의 형상대로 지음 받은 인간은 하나님이 조성하신 최고의 삶의 환경인 에덴 즉 낙원에서 살며 하나님과 함께 하는 천국의 삶을 누리고 있었습니다.

그러나 인간이 사탄에게 마음을 열어 주고 하나님을 향하여 등을 돌린 후 이 세상 또는 사람의 심령을 사탄이 지배하는 상황이 되었습니다.

인간은 에덴에서 하나님의 사랑을 받으며 하나님이 주신 삶의 모든 아름다운 것을 누리며 살도록 되어 있었는데, 하나님을 상실하고, 에덴을 상실하고 사탄의 지배하에 놓이게 됨으로써 천국을 상실한 삶, 낙원을 상실한 삶을 살게 된 것입니다.

인간이 어떻게 타락하고 사탄의 지배하에 들어가게 되었는지에 대한 성경말씀을 읽어 보십시오.

창세기 3:4-6에 보면 '선악과를 먹는 날에는 정녕 죽으리라' 고 하나님은 말씀하십니다.

그러나 뱀은 그것을 먹어도 결코 죽지 아니하리라고 말했고, 여기서 아담은 하나님의 말씀을 불신하고 뱀 즉, 사탄의 말을 믿고 그에게 마음을 열어 줌으로써 사탄에게 매인 바 되고 사탄의 지배아래 놓이게 되었습니다.

하나님을 불신하고 뱀을 믿음으로 사탄에게 마음을 열어 주었을 때부터 인간을 사탄이 지배하고 인간에게 위임된 땅의 일들, 이 세상의 일들이 사탄의 지배와 영향을 받게 된 것입니다.

그리하여 마귀는 마치 이 세상이 자기 것인 양 주장하는 상황이 벌어진 것입니다.

마귀는 이 세상을 자기에게 넘겨준 것이므로 자기 것이라고 주장합니다(눅 4:5-6). 그래서 예수님도 이 세상의 임금이 사탄임을 인정하신 적이 있습니다(요 12:31).

[회복] 사탄을 거부하고 하나님을 모시는 길

예수 그리스도의 구원은 우리를 죄와 사탄의 세력에서 건져 내시는 구원입니다.

우리는 예수님의 은혜로 구원받아 하나님의 자녀로 회복된 사람들입니다.

이제 하나님의 자녀들은 하나님과 함께 사는 천국을 누리며 살게된 것입니다. 그러나 이 세상 자체가 근본적으로 변화 되고 사탄의 세력이 다 묶인 천국이 이루어진 것은 아닙니다.

하나님 나라가 이미 임했지만 또 한편 아직 완전히 임한 것이 아닙니다.

그러므로 우리가 우리의 삶에 하나님을 모시는 삶이 되어야 한다는 것입니다.

산상 수훈의 교훈들은 이 땅에서 사탄의 영향력을 차단하고 하나님을 우리의 삶의 모든 영역에 모심으로써 우리가 천국을 누리게 되는 원리를 가르쳐 주고 있는 것입니다.

사탄에게 열어 주었던 문은 이제 차단하고 하나님을 향하여 문을 열고 하나님을 모시는 삶이 천국의 삶이 되는 것입니다.

팔복으로 시작된 산상 수훈은 우리의 삶에 하나님을 모시는 원리, 하나님의 원리를 따라 삶을 영위하는 법을 가르쳐 줌으로써 천국이 아닌 이 땅에서도 천국을 누리며 살아가는 비결을 가르쳐 주고 있습니다.

우리는 이 말씀 안에서 주님이 결국 우리 인생 속으로 들어오기를 원하시고 우리 인생을 천국의 삶으로 이끌기 원하시는 마음으로 가르치고 계심을 깨닫게 됩니다.

이 천국의 말씀을 가르치면서 주님은 다음과 같이 우리를 초대하고 계십니다.

> 볼지어다 내가 문 밖에 서서 두드리노니 누구든지 내 음성을 듣고 문을 열면 내가 그에게로 들어가 그로 더불어 먹고 그는 나로 더불어 먹으리라. (계 3:20)

이제 예수님의 초대에 응하여 주님이 주시는 원리를 따라 천국의 삶을 누리도록 해보시기 바랍니다.

그 첫째 원리는 이미 본대로 심령이 가난한 자의 삶이어야 합니다. 하나님을 삶에 초대하고 모시는 삶이어야 한다는 것이지요.

| 간증코너 |

> "등록 했어요?"

18기 훈련생, 이주호 목사

"등록 했어요?"

"아직 못했습니다…. 실은 ..어려울 것 같습니다. 수요일 예배도 그렇고, 매월 3박 4일을 비운다는 것도 그렇고...웬만하면 등록하려고 했는데..." "안돼요, 이번 기회를 놓치면 안돼요. 나영석 목사님께 이미 말씀 드려 놓았으니까 지금 빨리 나영석 목사님께 전화해요. 그리고 팩스로 등록해요. 꼭? 꼭?"

".... 아 ~ 예, 알았습니다."

이렇게 경주에서 목회를 하시는 형님의 적극적인 권유로 인해 바나바 훈련원에 등록을 하게 되었습니다.

저는 솔직히 바나바 훈련원을 잘 몰랐고, 또 목회자 훈련에 큰 관심이 없었습니다. 이강천 목사님에 관한 말은 많이 들었으나 한 번도 강의나 설교를 들은 적도 없고, 지금까지 전도사 의무 교육 외에는 어떤 세미나나 목회자 교육에도 참석한 일이 없었기에 바나바 훈련은 더욱 낯설게 느껴졌습니다. 더군다나 만일 교육을 받는다면 서울에 있는 각종 프로그램들, 좋은 시설, 좋은 강사진, 적절한 시간... 얼마든지 있는데 그 시골까지 가서 훈련을 받을 이유가 없었습니다.

그러나 몇 년 전부터 바나바, 바나바 하시는 형님께 이제는 더 이상 핑계를 댈 거리가 없어 하는 수 없이, 울며 겨자 먹기로 바나바 훈련원을 찾게 되었습니다.

그래, 형님의 원이라니 한두 번만 가주자. 틀림없이 그만둘 수 있는 핑계거리가 나올 거야!... 그래서 등록비를 교회에 말하지 않았고, 도중하차를 처음부터 마음에 그리고 있었습니다.

약도를 보면서 청주 톨게이트를 빠져 나와 옥산을 거쳐 물어물어 금계리 촌 동네를 찾게 되었고, 낡은 초등학교에 있는 바나바(그 때는 이름도 명패도 없었다) 훈련원에 도착했습니다.

30분 전에 도착해서 차에서 내리는데 자줏빛 나는 남방에 누렇고 두툼한 조끼를 걸치고, 학교 정문 계단에 서서 낯선 이방인을 멀찌기 쳐다보는 분이 계셨습니다. 저는 그 분이 이강천 원장님이라는 것을 금방 알 수 있었습니다.

서먹함을 털지 못한 채 다가가 이름을 대고 인사를 드렸는데 전혀 반기는 기색이 없음을 보고 놀랐습니다. 작은 키에 잔뜩 야위셨고, 높은 도수의 안경조차 힘에 겨워하시는 것 같았으며, 쳐진 안경 너머로 날카로운 눈빛에 비해 턱없이 부족한 힘 빠진 손, 이것이 앞으로 1년 동안 나를 교육할 원장님의 첫 인상이었습니다.

저렇게 약한 분이 어떻게 3박 4일 동안 강의를 하시겠는가? 하신다 해도 무슨 열변을 토하실 수 있겠는가? 걱정만 될 뿐이었습니다.

다음으로 본 분이 훈련원 간사로 봉사하시는 나영석 목사님이었습니다. 전화로 통화를 할 때는 매우 친절한 분이라고 생각이 되었는데, 막상 대면하고 보니 노태우씨 같이 생기신 분이 얼마나 무뚝뚝한지...

"야 이거 잘못 왔구나", 이 말이 예상보다 훨씬 일찍 튀어나왔습니다.

개회예배는 거의 찬양시간으로 매워졌습니다. 그런데 찬양 시간도 은혜가 안될 뿐 아니라 '어색함'과 '불협화음' 그 자체였습니다.

벽면에 희뿌연 O.H.P 화면이 서 있는데 물고기 떼 모양으로 모두들 그 벽면에 붙은 악보를 쳐다보며 찬양을 했습니다. 그나마 앉아서 할 때는 괜찮았는데 왜 일어서라고 하는지 알다가도 모를 일이었습니다.

피아노 반주는 똑딱 수준이었고, 찬양을 인도하시는 무뚝뚝한 나 목사님의 찬양은 고음에서는 아예 반음 이상 쳐졌고, 엇박자는 제대로 지켜지지 않았으며, 거기에 얼마나 열창을 하시는지, 설상가상으로 웬 수준? 복음송은 죄다 최신곡으로 80%는 모르는 곡이었습니다.

제법 등이 굽은 나보다 더 굽어보이는 이강천 원장님, 연세도 높으신 분이 맨 앞에서 흔들흔들 면벽 지휘를 하시며 찬양을 하시는데, "내가 뭐에 씌어 왔나?" 생각이 들 정도였습니다.

웬만한 학생들 수련회만 가도 기타 반주 정도는 있는데, 그 흔한 기타하나 볼 수 없고, 온누리 찬양은 그야말로 머나먼 환상의 나라였습니다. 찬양 시간이 노동이었습니다.

뿐만 아니라 교육생들이 모두 목사님들인줄 알았는데 전도사님들도 있었고, 심지어 사모님들이 세 분씩이나 포함되어 있었습니다.

도대체 사모님들과(여자들과) 무슨 교육을 어떻게 받는단 말인가? 신학도 하지 않고, 목회 선상에 계신 것도 아닌데 어떻게 목회자 교육을 함께 받을 수 있단 말인가? 참으로 답답하고 놀라 자빠질 지경이었습니다. 점점 시간이 아까워지기 시작했고, 내가 제일 좋아하는 "밥"도 달갑지 않았습니다.

그러나 저녁 첫 강의가 시작되면서 나는 충격에 휩싸이기 시작했습니다.

"당신은 하나님과 함께 일하고 있습니까?"

하나님과 함께... 하나님과 함께... 함께?

하나님의 일을 한다는 당신은 하나님의 말씀을 듣고 있습니까?

내가? 하나님의 말씀을 들어? 하나님의 말씀을? 내가?………

철저히 성경을 바탕으로 하여 던져지는 "그 엄청난 소리"에 나는 첫 시간부터 나의 생각이 바스러지기 시작했고, 그 동안 나의 삶을 지탱해 왔던 관념들이 흔들리기 시작했습니다. 그리고 신학교 시절 채우지 못했던 영성이 적나라하게 드러나는 순간이었고, 내가 얼마나 헌신되지 못한 채 목회를 해왔는지를 수치스러울 정도로 깊이깊이 알게 되었습니다.

작은 체구, 의자에 무릎 꿇은 연약해 보이는 원장님의 메시지가 내 마음에 불로 꽂히기 시작하는데, 도중에 나가서 부르짖어 기도하고 싶은 마음이 몇 번씩이나 일어났습니다.

신학교에 입학을 하면서부터 견딜 수 없는 자격지심과 사회의 부정의와 모순, 그리고 신학교의 실상… 등을 핑계 삼아 경건을 등졌던 나, 백담사의 작은 어려움들을 통해서 많은 회복이 되었고, 그래서 주어지는 목회 현장에서 그나마 열심히 몸부림쳐 왔던 나, 그럼에도 불구하고 또 다른 영적 회복이 필요했던 나를, 왜 그렇게 모나게 살아왔는지를 비로소 깨닫게 되었습니다.

나는 말씀에 전율을 느끼고 있었습니다.

그 이후 찬양의 시간은 새로움으로 다가왔습니다. 어떤 기교도 없는 나목사님의 심령의 찬송에 "은혜"와 "힘"과 "감격"이 느껴졌고, 뚱땅 거리는 사모님의 반주도 오케스트라처럼 들려졌고, 정말 오랜 만에 두 손 들고 높이 찬양하는 시간이 되었습니다.

짝 기도 시간에는 성도가 한 분도 없는, 그럼에도 불구하고 웃으며 목회하시는 목사님과 손을 잡고 기도를 하면서 "성공 병"에 걸린 나를 절규했고, 홀로 남아 부르짖어 기도하면서 나는 하나님의 새로운 은혜에 매달리게 되었습니다. 나는 바나바훈련원을 통해 생각지도 못했던 하나님의 은혜를 체험하게 되었습니다.

구절초 이야기

그대가 나를 찾아온 걸 보면
하늘의 위로를 아는 자인 모양이오
눈물나게 외로운 가슴 땀물나게 고단한 허리
섬섬이 하늘자락에 펼쳐 놓으면 따스한 햇살로 눈물을 거두고
보드라운 바람으로 땀물을 말리우는
하늘 아버지의 위로를 아는 모양이오.

내가 이따금 애통하는 것은
더 이상 슬픈 눈물은 아니라오.
속살에 남은 독화살을 끄집어내는 고통이 간혹 있고
가까이서 멀리에서 꽃피우지 못한 들풀들을 품은 가슴으로
조만간 응답될 위로를 위한 가슴앓이가 있을 뿐이라오.

하늘을 향한 깊은 신뢰와 사랑으로
나는 정녕 웃으며 살 것이오.
춤을 추며 노래할 거요
그대가 그렇게 살아가듯이 나도 그렇게 살아갈 것이라오.
그대가 볼품없는 나를 찾은 걸 보면
정녕 하늘의 위로를 아는 자인가 보오 그려
우리 감격으로 살아갑시데이.

3, 위로를 받을 것임이요

애통하는 자는 복이 있나니
저희가 위로를 받을 것임이요
...마 5:4

하나님의 위로

한 선교사가 간증하는 소리를 듣고 감동을 받은 적이 있습니다. 그들 부부는 후원 교회나 파송 단체도 없이 하나님의 가라는 명령만 듣고 선교지로 가서 인간적으로는 온갖 고생을 다 경험하였다고 합니다.

그러나 그럼에도 불구하고 행복한 것은 하나님의 위로를 경험하게 되면서 고통을 고통이 아닌 감격으로 살게 되었다는 것입니다. 그리고 이 맛, 즉 하나님의 위로를 경험하는 맛 때문에 지금도 선교지에서 고생을 고생인 줄 모르고 감격으로 살고 있다고 간증하는 것을 들었습니다.

하나님의 위로의 맛, 하나님이 주시는 위로를 경험하는 삶, 그것이 최고의 맛이요, 최고의 행복이라는 간증입니다.

이 세상을 살다 보면 슬픈 일도 많고 고통 받는 일도 많고 스트레스 받는 일도 많습니다.

사람들은 진정한 기쁨, 진정한 평강, 진정한 행복을 갈구하는데 어디서 그것을 얻겠습니까?

여러분은 어디에서 진정한 기쁨을 얻고자 하며 진정한 행복을 구하고 있습니까?

진정한 기쁨은 돈을 모을 때나 명예를 얻을 때, 권세를 얻을 때 주어지는 것이 아닙니다.

일반적으로 천국의 원리를 모르는 사람들은 그러한 세상적인 야망과 욕구를 찾아 헤매지요. 그것이 오히려 방황하는 인생의 표상입니다.

진정한 행복은 천국에 있습니다.

그런데 우리가 당장 천국에 들어가 사는 것이 아닙니다. 이 세상에 여전히 삽니다. 슬픔과 고통이 공존하는 세상에 그대로 살아갑니다.

그런데 여기 주님은 놀라운 복을 선포하십니다.

이 땅, 슬픔과 고통 많은 이 땅에 살면서도 하나님의 위로를 받으며 사는 복을 선포하십니다.

이 땅에서 누릴 수 있는 진정한 기쁨과 행복은 하나님의 위로를 받는 것입니다. 성경은 하나님의 위로의 날에 대하여 말하고 있습니다(사 61:2-3).

주께서 메시아를 보내사 가난한 자에게 복음을 주시고 구원 베푸심을 이미 묵상하였거니와 계속 되는 말씀에 보면 하나님께서 은혜를 주시고 우리의 억울함을 신원하여 주시고 슬픈 자를 위로하시는 은혜를 주시므로 슬퍼하는 자에게 화관을 주어 재를 대신하며 희락의 기름으로 슬픔을 대신하며 찬송의 옷으로 근심을 대신하게 하신다고 선포하십니다.

슬픔을 바꾸어 기쁨으로 살게 하신다는 것입니다.

하나님의 위로의 축복은 받는 자만이 누리는 감격이요, 기쁨이요, 행복이지요. 이 땅에서 누리는 천국은 하나님의 위로로 말미암아 경험되어지는 것입니다.

우리가 이 땅의 허무한 것에서 위로를 찾고 구하는 까닭에 쉽게 절망하고 분노하고 허무함을 느끼게 됩니다. 하나님의 위로를 아는 자가 되어야 합니다. 하나님의 위로를 체험하는 삶을 누리기 바랍니다.

위로의 하나님이 우리에게 찾아 오셔서 위로하실 때 경험되어지는 행복을 아는 자가 되어야 할 것입니다. 이 영적 비밀, 영적 감격을 그리스도인들은 행복이라 부르는 것입니다.

> 3 찬송하리로다 그는 우리 주 예수 그리스도의 하나님이시요 자비의 아버지시요 모든 위로의 하나님이시며
> 4 우리의 모든 환난 중에서 우리를 위로하사 우리로 하여금 하나님께 받는 위로로써 모든 환난 중에 있는 자들을 능히 위로하게 하시는 이시로다. (고후 1:3, 4)

하나님께 받는 위로를 경험한 사람은 또한 어려움과 슬픔 중에 있는 사람들을 위로할 능력을 얻게 됩니다.

하나님의 위로, 그것은 슬픔 많고 연약한 인생에게 절대적인 행복의 조건이 되는 것입니다.

하나님의 위로를 알지 못하는 자는 이 세상에서 진정한 행복을 누리기 어렵습니다.

하나님의 위로를 아는 자, 하나님의 위로를 경험하는 자, 하나님의 위로를 누리는 자는 이 세상도 행복한 천국이 되는 것입니다.

우리의 기쁨은 어디서 오는 것입니까?

그것은 하나님께로부터 오는 것입니다.

진정한 행복은 하나님께로부터 오는 위로를 경험하는 것입니다.

다른 데서 위로를 구하고 행복을 찾지 마십시오.

하나님이 주시는 위로와 격려로 인생이 행복해지기 바랍니다. 날마다 하나님의 위로를 경험하는 감격적인 인생이 되기를 바랍니다.

애통하는 자

애통하는 자가 복이 있다고 하십니다.
애통이란 슬프고 아파서 우는 것을 말합니다.
상처받고 마음이 아픈 것을 말합니다.
하나님은 상처 받고 고통 받는 자들을 찾아오십니다.
위로받을 데가 없어 슬프고 고통 하는 자들에게 복음을 선포하십니다.
"울지 말라. 하나님의 위로가 임하였다. 슬픔이 변하여 기쁨이 되게 하라."는 희망의 메시지를 선포하고 있는 것입니다.
성경에 하나님은 슬픈 자를 위로하시고 우는 자들의 눈물을 씻어 주시는 하나님으로 계시됩니다.

여호와께 구속된 자들이 돌아와서 노래하며 시온으로 들어와서 그 머리 위에 영영한 기쁨을 쓰고 즐거움과 기쁨을 얻으리니 슬픔과 탄식이 달아 나리이다. (사 51:11)
그 때에 처녀는 춤추며 즐거워하겠고 청년과 노인이 함께 즐거워하리니 내가 그들의 슬픔을 돌이켜 즐겁게 하며 그들을 위로하여 근심한 후에 기쁨을 얻게 할 것임이니라. (렘 31:13)

어느 날 훈련하는 중에 시간을 정하여 두 시간 동안 각자 기도하는 시간을 갖게 되었는데 그 기도시간에 성령께서 나의 기도를 이끌어가면서 '애통하는 자는 복이 있다' 는 말씀을 생각나게 하셨습니다.

이 말씀을 묵상하면서 기도하게 되었는데 그 때 내 영이 성령의 감동을 받으면서 울게 되었습니다.

이게 무슨 일인가하고 의아해 할 때 성령께서 감동하여 주시기를 훈련 받는 자 중에 세 사람을 생각나게 하시면서 그들의 애통을 성령께서 대신하여 울고 계시다는 것을 깨닫게 하셨습니다.

성령께서 이끄시는 대로 한동안 울면서 그들을 위하여 기도하게 되었습니다.

하나님은 고통의 눈물 자체를 불쌍히 여기시는 하나님이십니다.

여호와는 마음이 상한 자에게 가까이 하시고 중심에 통회하는 자를 구원하시는 도다. (시 34:18)
상심한 자를 고치시며 저희 상처를 싸매시는 도다. (시 147:3)

진정한 축복은 위로의 하나님을 만나는 것입니다.
그리고 주님은 상처로 인하여, 고통으로 인하여 울고 애통하는 자들에게 복음을 선포하시고 계십니다.
위로는 하나님의 사랑의 메시지요, 희망의 메시지입니다.

애통을 가지고 하나님께로

하나님께로 가져 온 애통은 반드시 하나님께서 위로해 주십니다.
그러니 애통을 가지고 하나님께로 나아가야겠습니다.
하나님은 위로의 하나님이시고, 그 애통이 하나님께로 가져 온 애통이라면 반드시 하나님의 위로를 받게 된다는 말입니다.
이런 종류의 애통을 생각할 때 우리는 에스더와 당시 이스라엘의 애통을 기억할 수 있을 것입니다.

> 왕의 조명이 각 도에 이르매 유다인이 크게 애통하여 금식하며 곡읍하며 부르짖고 굵은 베를 입고 재에 누운 자가 무수하더라. (에 4:3)

수산 성에 있는 유대인들을 전멸하려는 하만의 악한 음모로 왕의 조서가 유대인을 멸하도록 각 도에 이르게 되는 위기를 맞이하게 됩니다.

위기와 슬픔의 날을 당한 왕후 에스더와 모든 유대인들은 이 슬픔과 고통을 하나님께로 가져와서 부르짖습니다.

하나님 앞에서 금식하며 애통하는 부르짖음을 하나님은 응답하시고 위로의 하나님으로 임하십니다.

> 이 달 이 날에 유다인이 대적에게서 벗어나서 평안함을 얻어 슬픔이 변하여 기쁨이 되고 애통이 변하여 길한 날이 되었으니 이 두 날을 지켜 잔치를 베풀고 즐기며 서로 예물을 주며 가난한 자를 구제하라 하매 (에 9:22)

유대인들이 하나님께로 가져온 애통은 하나님의 위로로 응답되어 유대인들은 죽음에서 벗어나고 슬픔이 변하여 기쁨이 되고 애통이 변하여 즐거운 날이 되었습니다.

하나님께로 가져 오는 애통은 반드시 하나님의 위로를 얻게 됩니다.

우리가 살면서 혹시 겪게 되는 고통이나 어려움이 있거든 자기 연민에 갇혀 혼자 애통해 하지 말고 하나님께 나아가 애통해야 할 것입니다.

하나님은 위로의 하나님이요, 우리의 애통을 기쁨으로 바꾸시는 하나님이신 것을 믿으시기 바랍니다.

심령이 가난한 자의 애통

내가 교회에 처음 전도 되어 1년이 지나도록 교회에서 설교를 들으며 가장 기분 나빴던 것은 목사님이 "우리는 모두 다 죄인입니다."라고 설교하는 것이었습니다.

나는 내가 왜 죄인인지를 알지 못했고 젊은 청소년을 도매급으로 죄인 취급한다고 억울해 하였습니다.

그러던 어느 날 요한일서를 읽어 내려 가다가 나는 내가 죄인인 것을 최초로 깨닫게 되었습니다.

요한일서에는 "형제를 미워하는 자는 살인자"라는 구절이 있습니다. 그때 나는 나의 아버지를 미워하고 있었습니다.

아버지를 미워하는 이유는 아버지가 가정생활은 책임지지 않으면서 술로 세월을 보내며 가족들을 괴롭게 한다는 것 때문이었습니다.

그러나 그날 성경 말씀이 내게 임하고 성령께서 내게 임하여 나를 깨우치실 때 나는 죄인임을 알게 되었고 하나님 앞에서 울며 회개하게 되었습니다.

회개하며 애통한 후에는 기쁨과 평안이 옵니다.

내 생애 그날 같은 기쁨과 평안은 없었습니다.

애통하는 자에게 하나님의 사랑의 위로가 임한 것입니다.

천국이 임한 것입니다.

통회의 눈물이 있는 곳에 하나님의 위로의 소낙비가 내리는 것을 알게 되었습니다.

애통하는 자가 복이 있다고 말씀하실 때 여기서의 애통은 직접적으로는 심령이 가난한 자의 애통을 말씀하고 있는 것으로 이해됩니다.

앞에서 심령이 가난한 자가 천국을 얻는다고 말하였습니다.

심령이 가난한 자의 애통은 하나님의 위로를 가져 온다고 구체적으로 말씀하고 있는 것입니다.

이미 생각해 본 대로 인생은 가난하지 않은 사람이 없고 애통할 일이 없는 사람 또한 없습니다. 모든 인생이 구원의 대상입니다.

애통하는 자란 바로 이러한 자기의 가난함을 알고 하나님 앞에서 겸손히 부르짖는 사람입니다. 그러므로 하나님의 위로를 받는 대상이 되는 것입니다.

애통한다는 것은 여기서 단순히 팔자타령이나 하며 슬퍼하는 사람을 의미하는 것은 아닙니다.

심령이 가난하게 된 자리에서의 애통입니다. 하나님을 찾아 구하는 애통이 되는 것입니다.

9 슬퍼하며 애통하며 울지어다 너희 웃음을 애통으로, 너희 즐거움을 근심으로 바꿀지어다
10 주 앞에서 낮추라 그리하면 주께서 너희를 높이시리라
(약 4:9,10)

그러므로 하나님 앞에서 자신의 가난함을 알고 애통하고 부르짖는 자는 하나님의 구원과 은혜의 위로를 받고 천국을 경험하는 삶을 누리게 되는 것입니다.

자신을 낮추는 애통, 자신의 죄를 뉘우치는 애통, 하나님을 찾아 부르짖는 애통이 있을 때 하나님의 구원과 위로가

임하는 것입니다.

> 12 여호와의 말씀에 너희는 이제라도 금식하며 울며 애통하고 마음을 다하여 내게로 돌아오라 하셨나니
> 13 너희는 옷을 찢지 말고 마음을 찢고 너희 하나님 여호와께로 돌아올지어다 그는 은혜로우시며 자비로우시며 노하기를 더디하시며 인애가 크시사 뜻을 돌이켜 재앙을 내리지 아니하시나니
> 14 주께서 혹시 마음과 뜻을 돌이키시고 그 뒤에 복을 끼치사 너희 하나님 여호와께 소제와 전제를 드리게 하지 아니하실는지 누가 알겠느냐 (욜 2:12~14)

> 그러므로 너희가 회개하고 돌이켜 너희 죄 없이 함을 받으라 이같이 하면 유쾌하게 되는 날이 주 앞으로부터 이를 것이요 (행 3:19)

우리가 진정 천국을 얻으려면 또한 천국을 누리게 되려면 적극적인 애통의 사람이 되어야 할 것입니다.

그것은 하나님께 돌아오는 애통입니다.

회개의 애통입니다.

하나님께로 나아오는 애통입니다.

특히 자신의 죄와 허물을 인하여 금식하고 통곡하며 주님께로 나아와야 하는 것입니다.

마음을 찢고 주께 나아오면 주님이 회복하여 주십니다.

여기서의 애통은 자신의 죄와 허물을 발견하고 그것을 하나님 앞으로 가지고 나와 쏟아놓는 것입니다.

깊은 애통, 깊은 위로

성도의 삶에서 애통은 천국 입문의 애통으로 머물지 않고 더 깊은 애통으로 나아가야 합니다.

더 깊은 애통은 더 깊은 위로를 가져옵니다.

더 깊은 애통이란 이미 구원 받은 자의 애통으로서 보다 깊은 차원의 애통입니다.

그것은 자신의 모자람을 보고 애통하는 신자의 애통입니다. 바울이 보여준 애통과 같은 것이지요.

> 오호라 나는 곤고한 사람이로다 이 사망의 몸에서 누가 나를 건져 내랴. (롬 7:24)

바울은 예수 믿고 복음을 전하면서 죄를 점점 더 발견하게 됩니다.

"죄가 왕 노릇 하더라"는 경험입니다.

주님을 위해 살려고 할 때 죄를 더욱 발견하게 되는 깊은 차원의 애통이 있습니다.

은혜 아래 살면 지켜야 할 더 높은 영적 수준을 알게 되는데 거기에 미치지 못하는 자신을 발견하게 됩니다.

이런 경우 구원 받은 자는 갈등이 있을 수 있습니다.

여기서 이 문제를 가지고 애통하는 자는 주님의 은혜를 받게 된다는 것입니다.

> 1 그러므로 이제 그리스도 예수 안에 있는 자에게는 결코 정죄함이 없나니
> 2 이는 그리스도 예수 안에 있는 생명의 성령의 법이 죄와 사망의 법에서 너를 해방 하였음이라 (롬 8:1, 2)

바울 사도의 자기 내면의 깊은 죄성에 대한 애통은 마침내 하나님의 은혜로 극복되고 이로 인해 바울은 감격하게 됩니다.

성령의 은혜로 말미암아 해방되고 승리하는 경험을 하게

되는 것입니다.

더 깊은 애통은 더 깊은 위로로, 더 깊은 자신의 내면의 죄에 대한 애통은 더 깊은 하나님의 사랑의 체험으로 우리를 이끌어 갑니다.

자신을 보는 사람, 자신의 연약함을 하나님 앞에서 애통하는 사람은 하나님의 더 깊은 은혜를 체험하게 됩니다.

내가 목회하던 교회의 어떤 여학생이 학교에서 짝꿍인 친구와 다투고 미워하게 되었습니다. 학교에서는 미워하고 집으로 돌아오는 길엔 마음이 아파 예배당에 와서 회개하기를 여러 번 하였으나 해결이 안 되어 울곤 하였습니다.

로마서의 이 말씀을 가르쳐 주고 우는 김에 주님 앞에서 애통하고 간구하여 성령의 은혜를 받으라고 일러 주었지요. 그 여학생은 여러 날 울며 기도하더니 성령의 은혜를 받았습니다. 성령의 은혜가 임하니까 미워하던 친구를 보자 사랑스러운 마음이 일어나 화해할 수 있게 되었답니다.

미움은 그냥 사라졌지요. 사랑의 영이 임하고 미움의 영은 쫓겨난 것입니다.

미움의 영으로부터 해방되고 사랑의 영으로 충만하게 된 것입니다.

깊은 애통은 깊은 위로를 받게 되고 깊은 애통은 깊은 천국의 삶으로 이끌어 줍니다.

넓은 애통, 넓은 천국

어느 날 우리 집에 누님이 오셨습니다.
몸이 아파서 병원에 갔더니 열 두 글자나 되는 긴 병명을 가진 희귀병이라고 하더랍니다. 치료가 어렵고 오랜 세월동안 치료를 받아야 하기 때문에 치료비도 많이 들 것이라며 낙심한 모습으로 나를 찾아 왔습니다.
그리고는 나보고 기도해 달라고 하는 것이었습니다.
함께, 그러나 먼저, 각자 기도 하자고 하고는 나는 잠시 묵상하며 기도하였습니다.
일찍 젊은 나이에 과부가 되어 고생하다가 엄청난 병을 얻은 누님을 생각해보았습니다.
너무 안타까웠습니다.
너무 불쌍했습니다.
눈물이 나기 시작했습니다.
누님을 위하여 큰 소리로 기도하기 시작했습니다.
그리고는 부둥켜안고 울었습니다.

울면서 기도하였습니다.

그런데 잠시 후에 보니 누님은 길게 누워 잠을 자고 있습니다.

한숨 자고 나더니 아픈 데가 사라졌다며 좋아합니다.

그리고 누님은 그 후로 그 병을 더 이상 앓지 않았습니다. 눈물의 애통이 위로를 받았습니다.

애통에는 또 하나의 차원이 있습니다.

그것은 천국을 누리는 것만이 아닌 천국을 만들어가는, 다른 사람을 천국으로 이끄는 애통입니다.

중보의 애통인 것입니다.

이 애통은 자신을 위한 애통이 아니라 남을 위한 애통입니다.

자신의 천국을 위한 애통이 아니고 다른 이의 천국을 위한 애통입니다.

그리스도인은 다른 사람을 위해 대신 울어 주는 사랑의 영역이 있습니다.

천국의 넓이인 셈이지요.

천국의 넓이는 개인적인 것으로 끝나지 않습니다.

다른 이를 향한 사랑으로 폭이 넓어지는 것이 천국입니다. 예레미야 선지자는 백성들의 죄로 고난당하는 자기 민족을 보고 울었습니다.

> 너희가 이를 듣지 아니하면 나의 심령이 너희 교만을 인하여
> 은근히 곡할 것이며 여호와의 양무리가 사로잡힘을 인하여 눈
> 물을 흘려 통곡하리라 (렘 13:17)

또한 시편 기자도 자기 백성의 죄를 보며 울었습니다.
눈물이 시냇물이 될 지경으로 자기 동족의 죄를 보고 울고 있는 모습을 상상해 보십시오.
이 얼마나 아름다운 눈물입니까?
이 눈물 때문에 그 백성이 멸망함을 면하고 사죄함을 받는 것이 아니겠습니까?

> 저희가 주의 법을 지키지 아니하므로 내 눈물이 시냇물 같이
> 흐르나이다 (시 119:136)

하나님은 이렇게 하나님의 백성들의 죄악을 인하여 애통하는 자의 이마에 인을 치라고 말씀하시기도 했습니다. 하나님은 민족과 나라를 위하여 중보의 애통을 귀히 여긴다는 증거가 아니겠습니까?

> 이르시되 너는 예루살렘 성읍 중에 순행하여 그 가운데서 행하는 모든 가증한 일로 인하여 탄식하며 우는 자의 이마에 표하라 하시고 (겔 9:4)

예수님의 이스라엘을 향한 눈물이 있어 대속의 역사가 있었고, 바울 사도의 교회를 향한 눈물이 있었기에 교회가 바로 서고 부흥했던 것이 아니겠습니까?

중보의 애통은 여러 사람을 천국으로 이끌어 줍니다.

이는 자발적인 은혜의 눈물이 되는 것입니다.

종종 나도 북한의 형제들이 육신적으로 영적으로 굶주리고 있는 것에 대하여 울며 기도하게 되는 경험을 하곤 합니다.

여러분! 민족과 열방 또는 이웃을 위하여 울 수 있는 중보의 기도자들이 될 수 있기를 바랍니다.

> 33 예수께서 그의 우는 것과 또 함께 온 유대인들의 우는 것을 보시고 심령에 통분히 여기시고 민망히 여기사
> 34 가라사대 그를 어디 두었느냐 가로되 주여 와서 보옵소서 하니
> 35 예수께서 눈물을 흘리시더라 (요 11:33~35)

> 내가 큰 환난과 애통한 마음이 있어 많은 눈물로 너희에게 썼
> 노니 이는 너희로 근심하게 하려 한 것이 아니요 오직 내가 너
> 희를 향하여 넘치는 사랑이 있음을 너희로 알게 하려 함이라
> (고후 2:4)

> 내가 여러 번 너희에게 말하였거니와 이제도 눈물을 흘리며
> 말하노니 여러 사람들이 그리스도 십자가의 원수로 행하느니
> 라 (빌 3:18)

  선지자들은 자기 백성들의 죄를 보고 탄식하며 눈물을 흘리며 경고하기도 하고 중보하기도 하였습니다.

  바울 사도도 성도들의 허물과 죄로 인하여 눈물을 흘리며 권고도 하고 기도도 하였습니다.

  애통은 물론 자신의 문제를 해결하지 못하여 하나님께 나와 부르짖는 기도입니다.

  그러나 더 나아가 다른 이의 죄를 해결하기 위하여, 공동체의 문제를 해결하기 위하여 애통하는 일이 있어야 합니다.

  그러할 때 하나님 나라를 누릴 뿐 아니라 하나님 나라를 확장해 가는 놀라운 축복을 맛보게 될 것입니다.

  작게는 친구를 위한 눈물, 크게는 민족을 위한 눈물, 그 눈

물의 애통이 우리에게 있어야 합니다.

하나님은 이 눈물의 애통을 통하여 하나님 나라를 더 많은 사람에게 더 넓게 선물하는 것입니다.

이 글을 읽는 여러분은 이제 눈물 흘릴 일이 많아지겠습니다.

그렇다면 축하합니다.

기뻐하십시오.

더 넓은 천국을 경험하게 될 것이기 때문입니다.

사실 남을 위해 울 수 있는 사람이 천국의 사람 아니겠습니까?

| 간증코너 |

> '바나바행전'을 통해
> 일하시는 하나님

주향한 교회 이정희 사모

바나바 행전! 책 제목만 들어도 심장이 뛴다.

거의 매일 베스트셀러 순위를 체크하는 것이 나의 기쁨이다. 이 책은 나 같은 많은 사람들의 "힘들어요! 죽겠어요!"의 삶을 "기뻐요! 좋아요! 감사해요! 사랑해요!"의 삶으로 변화시켜 주었다.

이강천 목사님은 나에게 영적인 아버지시요 스승이시다. 가장 어렵게 목회 하던 시절, 하나님은 이강천 목사님을 천사로 파송하셔서 우리에게 새 힘을 주셨고, 영성훈련을 시켜 주셨으며, 이젠 사역갱신 훈련을 통해 교회에 제2의 종교개혁을 일으켜 진정한 교회로 나아가도록 발판을 마련해 주셨다.

나에게 있어 이강천 목사님과의 만남은 주님이 예비하신

만남 중에 가장 귀하고 복된 만남이다. 나는 아주 약한 체력을 가지고 태어났다. 정확히 말하면 거의 환자 수준이다. 어머니께서는 여섯 아들을 낳으신 후 44세에 나를 낳으셨다. 그것도 지우려고 약을 드셨는데도 불구하고…

신학생을 만나 결혼을 하고 힘겨운 삶을 감사하면서도 지난 세월을 돌아보면 흡사 전쟁을 치른 것 같았다. 한줄기의 빛도 들어오지 않는 지하 방에서 30명에 육박하는 초, 중, 고교생 과외를 하며 남편의 대학원 두 군데와 목회 뒷바라지를 했다. 15년 전에 앓았던 결핵은 치료되었지만 이후 만성 무기력증, 위장장애 등 알 수 없는 증상들이 계속 나타났고 최근에는 소변에 피가 섞여 나오고 어지러워서 도저히 일어날 수조차 없는 지경에까지 이르게 되었다. 이런 나약한 나를 향한 남편의 손길은 헌신적이다 못해 희생적이다.

그 날도 남편이 챙겨주는 밥을 먹고 어지러워서 앉지도 못한 채 누워 '바나바 행전'을 읽고 있었다. 첫 페이지를 읽는 순간부터 마음이 뜨거워졌다. 눈물도 쏟아지고 이강천 목사님의 삶에 가슴이 저려왔다. 하나님은 모세처럼, 다윗처럼, 요셉처럼 이강천 목사님을 훈련시키시고 세계적인 하나님의 사람으로 귀하게 들어 쓰시는 것에 감동 또 감동을 받았다.

책을 읽어가며 뭔가 큰 기대가 생기기 시작했다. 볼리비아 선교사님의 신유의 역사부분을 읽을 때 성령님의 만져주심이 느껴졌다. '사랑의 하나님, 이 시간 성령의 역사는 동일한 줄 믿습니다. 볼리비아 선교사님을 고치신 주님! 나의 어지럼증을 치료하여 주옵소서. 저는 이 책을 읽다가 고침 받고 싶습니다.' 짧지만 간절한 기도를 드렸다. 깨끗이 나았다는 확신이 들어 벌떡 일어나 보았다. 신기하게도 전혀 어지럽지 않았다. 할렐루야! 그 순간 사랑하는 영적인 아버지, 이강천 목사님의 손드시고 찬양하는 모습이 떠올랐다.

그 날 나는 신촌 세브란스 병원 심방에 수요예배에 기도회까지 거뜬히 마쳤고 지금까지 건강하게 지내고 있다. 주님의 역사는 오늘도 자녀들을 통해 강하게 역사하심에 감사드린다.

우리 교회는 요즘 난리가 났다. '바나바 행전'을 통해 찌들었던 삶, 갈급했던 영혼이 생명수를 만났고, 우울증에 자살까지 생각했던 집사님이 새 희망을 얻고 치료하심과 회복을 경험하며 비전을 갖게 되었다. 만나는 사람마다 '바나바 행전'을 통해 일하시는 하나님을 간증하기도 하고, 책을 권하고, 선물하고, 기뻐하는 모습들이 그저 예쁘기만 하다.

나는 이강천 목사님의 눈물을 사랑한다.

강의 도중 "사랑"이란 단어를 말하실 때 울컥 하시는 모습! '한 영혼이 천하보다 귀하다'는 말씀을 하시며 뜨거운 눈물을 쏟으시는 모습! 하나님께서 자연을 만드셨을 뿐만 아니라 그 자연을 감상하신다 하시며 아름다운 자연을 사진에, 그리고 마음에 담으시는 목사님의 순수한 모습은 마치 자연과 하나가 된 것 같다. 늘 에덴동산에서 사시는 목사님을 우린 사랑한다. 우리가 그만큼 때가 묻었기 때문이리라.

사랑하는 바나바 훈련원을 통해 많은 목회자와 선교사, 평신도, 청소년들이 비전과 영성을 회복하길 기도한다. 그리고 이 책을 통하여 많은 사람들이 하나님을 가까이에서 날마다 경험하길 바란다.

'바나바 행전'을 통하여 일하시는 하나님을 찬양합니다!

산수유

크고 눈에 띄는 일은
접어 둔지 오랩니다
자잘한 일상 위에
님의 손길 임하오면
외로움도 피어 꽃이 됩니다

추운 겨울 길다 해도
탓하지는 않습니다
기도로 덥히고 묵상으로 밝히다가
봄이 오는 소리 들려
아침 창을 엽니다.

찾는 이 적어도
외로울 것 없습니다
따스한 입김 봄바람 불러오고
다정한 손길 아침 햇살 데려오니
웃는 얼굴 하고 노래하며 산답니다

3. 위로를 받을 것임이요

4, 땅을 기업으로 받을 것임이요

온유한 자는 복이 있나니
저희가 땅을 기업으로 받을 것임이요
...마 5:5

땅을 기업으로

앞에서 진정한 축복은 하늘의 위로, 하나님의 위로로 살아가는 것임을 알게 되었습니다.

이제 또 다른 차원에서 진정한 축복은 내가 차지한 땅이 아니라 "하나님이 주시는 땅"에서 사는 것입니다.

우리는 보통 많은 땅을 소유하기 원합니다.

그리고 땅을 많이 차지하여야 행복하다고 생각합니다.

여러분 이름으로 등기된 땅이 없어서 불행하다고 느끼는 것은 아닙니까?

그 수준은 넘어섰다고요?

그래, 그래야지요.

그래야 하나님의 백성이지요.

물론 땅을 전혀 갖지 않고 또는 땅에 속한 것을 전혀 갖지 않고 살 수는 없습니다.

그러나 여기서도 문제는 내가 차지하는 땅이냐 하나님이 주시는 땅이냐가 중요한 것입니다.

다시 말해 하나님이 주시는 땅, 하나님이 기업으로 주시는 땅에서 사는 것이 진정한 복이라는 사실입니다.

지금 이 이야기는 땅 이야기지만 사실은 매우 높은 수준의 하늘의 원리, 영적 원리를 내포하고 있습니다.

땅에도 종류가 있는데 사람이 차지하는 땅과 하나님이 주시는 땅이 다른 것입니다.

이 진리를 이해하기 위해서는 창세기에 계시된 이야기로 가 보는 것이 좋을 것 같습니다.

창세기 13장에 보면(5절-18절) 아브라함과 조카 롯 사이에 영역 문제로 분쟁이 생깁니다.

아브라함의 가축을 돌보는 목자들과 롯의 가축을 돌보는 목자들이 서로 자기들이 좋은 땅, 좋은 목초지를 차지하려고 싸우고 다툽니다.

문제의 해결을 위해 아브라함은 롯을 분가시키기로 결정

합니다.

그리고 롯에게 땅을 먼저 선택하라고 합니다.

우선권을 롯에게 줍니다.

롯은 자기의 눈을 들어 바라보고 요단 들을 택하여 삼촌 아브라함을 떠납니다.

롯은 자기가 땅을 선택합니다.

요단 강변으로 이어지고 또 소돔과 고모라 도시로 이어지는 비옥한 들판을 선택하여 떠나갑니다.

인간적인 눈으로 보면 롯은 땅을 잘 선택한 듯 보입니다.

아브라함은 남은 땅을 차지하게 되는데

남은 땅은 헤브론 골짜기 바위가 널려 있는 산지의 척박한 땅입니다.

지금까지는 아브라함이 주체가 되어 조카 롯을 데리고 살아왔는데 삼촌이 젊은 조카에게 더 좋은 땅을 내어 주고 자신은 척박한 산지를 차지하게 된 것입니다.

이것은 전적으로 믿음으로 택한 일입니다.

이러한 행동은 아브라함의 믿음을 보여주는 행위입니다.

아브라함은 땅에 속한 사람으로 사는 것이 아니라 하나님에게 소망을 두고 사는 사람임을 보여주는 것입니다.

그런데 아브라함이 척박한 산지에 머물고 롯이 들판을 택하여 떠난 후에 하나님이 아브라함에게 나타나십니다.

나타나셔서 "눈을 들어 동서남북을 바라보아라. 보이는 땅을 너와 네 자손에게 주리라"고 말씀하십니다(창 13:14-17).

사실 동서남북을 바라보아도 물리적으로는 척박한 산지 밖에 보일 것이 없는 것이 이스라엘 가나안 땅 헤브론 산지입니다.

그러나 중요한 것은 롯과 달리 아브라함은 하나님이 바라보라는 땅을 바라보고 하나님이 주시는 땅을 받습니다.

롯은 자기 눈으로 바라보고 자기 눈에 보기에 좋은 땅을 차지합니다.

그러나 아브라함은 양보하고 나서 하나님이 바라보라는 땅을 바라보고 하나님이 주시는 땅을 차지합니다.

인간적으로, 물리적으로는 롯이 선택하고 차지한 땅은 비옥한 들판이요, 아브라함이 차지하게 된 땅은 척박한 바위너설이 있는 산지입니다.

그러나 사람이 차지한 땅과 하나님이 주신 땅에는 영적으로 엄청나게 다른 원리가 숨겨져 있습니다.

계속되는 창세기의 이야기를 보면 롯은 점점 더 내려가 소돔과 고모라 도시 근처에 주거를 하게 됩니다.

그런데 그 땅에 북방 왕들의 연합군대가 공격하여 소돔과 고모라를 초토화 시키고 사람들을 포로로 잡아가게 되는데 롯도 포로가 되어 끌려갑니다 (창 14:11-12).

사람이 차지한 땅의 결국을 보여줍니다.

그러나 하나님이 주신 땅, 그것이 인간이 보기엔 척박하고 쓸모없는 땅같이 보이던, 그 땅에 살던 아브라함은 평안하게 거하다가 이 소식을 듣고 집에서 훈련한 삼백 열여덟 명의 군사를 데리고 가서 롯을 구출하여 옵니다.

하나님이 주신 땅에서 살던 아브라함은 평안할 뿐 아니라 조카를 구출하는 구원자의 역할을 하게 됩니다.

삼촌 덕분에 롯은 다시 재기의 발판을 마련합니다.

그러나 이번에는 소돔과 고모라가 너무 타락하여 하나님이 소돔과 고모라를 멸하실 것을 작정하십니다.

그때도 하나님이 아브라함을 생각하사 롯을 구해 주셔서 소돔과 고모라가 멸망하기 전 롯을 먼저 이끌어 내신 다음에 심판을 행하셨다고 성경은 기록합니다(창 19:29).

자, 이제 생각해봅시다.

사람이 차지한 땅과 하나님이 주신 땅이 어떻게 다른지 알 수 있지 않습니까?

왜 하나님이 주시는 땅에서 사는 것이 복인지 이해할 수 있겠지요?

복을 받는다는 것은 하나님이 기업으로 주시는 땅에서 사는 것입니다.

아브라함은 자신의 욕심을 버리고 하나님을 선택했을 때 비록 척박한 땅이었으나 하나님이 기업으로 주신 땅에서 살므로 자신이 평안히 살 뿐 아니라 롯도 구원하는 삶을 살게 됩니다.

그러나 롯은 자신의 안목으로, 자신의 야망으로 차지한 땅에 살면서 온갖 고난을 다 당합니다.

하루아침에 재산을 다 잃고 순식간에 홀아비가 됩니다.

하나님이 기업으로 주신 땅에서 사는 것이 축복입니다.

우리는 육신적인 안목으로, 육신적 야망으로 살지 말아야 하겠습니다.

주님을 의지하고 기도하며 주님이 주시는 땅에서 살게 되기를 바랍니다.

우리의 진정한 행복은 주님이 주시는 땅에서 사는 것입니다.

온유의 성경적 의미

그러면 누가 하나님이 주시는 땅을 기업으로 받을 수 있습니까?

온유한 자가 하나님이 기업으로 주시는 땅을 받는다고 하였습니다.

그러면 온유하다는 것은 어떠하다는 것입니까?

온유란 말은 우리말의 사전적 뜻으로는 따스하고 부드러운 품성을 의미합니다.

그러나 성경적 의미는 차원이 다릅니다.

성경 전체에서 온유라는 말로 표현되었던 실례를 찾아보면 성경적 온유의 의미를 쉽게 파악할 수 있겠지요.

온유란 성경적 의미에서 하나님에 대한 태도를 말합니다.

하나님께 대하여 부드럽게 반응하는 태도입니다.

하나님께 대하여 믿음으로 반응하는 태도입니다.

온유는 하나님을 절대적으로 신뢰하는 데서 나오는 신앙적 태도입니다.

하나님께서 우리를 언제나 선으로 대하신다는 믿음으로 어떤 상황에서도 하나님께 부드럽게 반응하는 것입니다.

고난과 불의를 당하더라도 하나님의 선하심으로 받아들

이는 것입니다.

불평하거나 원망하지 아니하고 잠잠히 하나님의 선하신 섭리를 기다리는 것입니다.

어떠한 경우든 믿음으로 반응하는 것입니다.

이것이 온유한 신앙입니다.

악한 사람을 향하여도 하나님이 그 악한 자를 사용하여 택한 백성을 정결케 하시는 것으로 받아들여 자신을 정결케 하며 하나님의 구원의 때를 기다리는 것입니다.

우리의 여건이나 환경에 대하여 믿음으로 하나님께 반응하고 부드럽게 받아들이며 범사에 믿음으로 걸어가는 모습입니다.

그러니까 사전적 의미하고는 차원이 다르게 하나님을 절대적으로 신뢰하는 까닭에 이해가 되지 않는 상황에서도 하나님께 감사하는 그러한 태도를 말합니다.

시편 37편은 온유가 무엇인가를 보여주는 가장 확실한 말씀입니다.

온유는 하나님께 대한 태도로서 어떤 상황에서도 전적으로 하나님을 신뢰하고 하나님의 뜻이면 다 그 뜻대로 이루어짐을 인정하는 태도입니다.

시편 37편을 읽어 보십시오.

꽤 길지만 밑줄 그은 데를 중심으로 이해하여 보시기바랍니다.

1 행악자를 인하여 불평하여 하지 말며 불의를 행하는 자를 투기하지 말지어다.
2 저희는 풀과 같이 속히 베임을 볼 것이며 푸른 채소같이 쇠잔할 것임이로다.
3 여호와를 의뢰하여 선을 행하라 땅에 거하여 그의 성실로 식물을 삼을지어다.
4 또 여호와를 기뻐하라 저가 네 마음의 소원을 이루어 주시리로다.
5 너의 길을 여호와께 맡기라 저를 의지하면 저가 이루시고
6 네 의를 빛같이 나타내시며 네 공의를 정오의 빛같이 하시리로다.
7 여호와 앞에 잠잠하고 참아 기다리라 자기 길이 형통하며 악한 꾀를 이루는 자를 인하여 불평하여 말지어다.
8 분을 그치고 노를 버리라 불평하여 말라 행악에 치우칠 뿐이라
9 대저 행악하는 자는 끊어질 것이나 여호와를 기대하는 자는 땅을 차지하리로다.
10 잠시 후에 악인이 없어지리니 네가 그 곳을 자세히 살필지라도 없으리로다.

11 오직 온유한 자는 땅을 차지하며 풍부한 화평으로 즐기리로다.
12 악인이 의인 치기를 꾀하고 향하여 그 이를 가는 도다.
13 주께서 저를 웃으시리니 그 날의 이름을 보심이로다.
14 악인이 칼을 빼고 활을 당기어 가난하고 궁핍한 자를 엎드러뜨리며 행위가 정직한 자를 죽이고자 하나
15 그 칼은 자기의 마음을 찌르고 그 활은 부러지리로다.
16 의인의 적은 소유가 많은 악인의 풍부함보다 승하도다.
17 악인의 팔은 부러지나 의인은 여호와께서 붙드시는 도다
18 여호와께서 완전한 자의 날을 아시니 저희 기업은 영원하리로다.
19 저희는 환난 때에 부끄럽지 아니하며 기근의 날에도 풍족하려니와
20 악인은 멸망하고 여호와의 원수는 어린 양의 기름같이 타서 연기 되어 없어지리로다.
21 악인은 꾸고 갚지 아니하나 의인은 은혜를 베풀고 주는 도다.
22 주의 복을 받은 자는 땅을 차지하고 주의 저주를 받은 자는 끊어지리로다.
23 여호와께서 사람의 걸음을 정하시고 그 길을 기뻐하시나니
24 저는 넘어지나 아주 엎드러지지 아니함은 여호와께서 손으로 붙드심이로다.
25 내가 어려서부터 늙기까지 의인이 버림을 당하거나 그 자손이 걸식함을 보지 못하였도다.

26 저는 종일토록 은혜를 베풀고 꾸어 주니 그 자손이 복을 받는도다.
27 악에서 떠나 선을 행하라 그리하면 영영히 거하리니
28 여호와께서 공의를 사랑하시고 그 성도를 버리지 아니하심이로다. 저희는 영영히 보호를 받으나 악인의 자손은 끊어지리로다.
29 의인이 땅을 차지함이여 거기 영영히 거하리로다.
30 의인의 입은 지혜를 말하고 그 혀는 공의를 이르며
31 그 마음에는 하나님의 법이 있으니 그 걸음에 실족함이 없으리로다.
32 악인이 의인을 엿보아 살해할 기회를 찾으나
33 여호와는 저를 그 손에 버려두지 아니하시고 재판 때에도 정죄치 아니 하시리로다.
34 여호와를 바라고 그 도를 지키라 그리하면 너를 들어 땅을 차지하게 하실 것이라 악인이 끊어질 때에 네가 목도하리로다.
35 내가 악인의 큰 세력을 본즉 그 본토에 선 푸른 나무의 무성함 같으나
36 사람이 지날 때에 저가 없어졌으니 내가 찾아도 발견치 못하였도다.
37 완전한 사람을 살피고 정직한 자를 볼지어다. 화평한 자의 결국은 평안이로다.
38 범죄자들은 함께 멸망하리니 악인의 결국은 끊어질 것이나

39 의인의 구원은 여호와께 있으니 그는 환난 때에 저희 산성이시로다
40 여호와께서 저희를 도와 건지시되 악인에게서 건져 구원하심은 그를 의지한 연고로다 (시 37:1~40)

온유한 자의 특성을 간추려 보면
1) 악한 상황에 대하여 불평하지 않는다.
2) 여호와를 의뢰하므로 여전히 선을 행한다.
3) 모든 것을 여호와께 맡기고
4) 여호와 앞에서 잠잠히 기다리고
5) 여호와를 기대하고
6) 여호와를 바라므로 그 도에 살아가는 그래서
7) 상황과 조건을 뛰어 넘어 믿음과 감사로 살아가는 사람을 온유한 자라 합니다.

어떤 경우에도 하나님을 신뢰함으로 부드럽게 믿음으로 반응하는 태도를 하나님 앞에 온유라고 부르고 있는 것을 볼 수 있습니다.

우리가 상황을 뛰어넘어 주님을 신뢰하고 잠잠히 주님의 섭리를 기다리는 온유한 신앙을 가질 수 있는 것은 하나님의 선하심과 신실하심을 믿기 때문입니다.

우리가 알거니와 하나님을 사랑하는 자 곧 그 뜻대로 부르심을 입은 자들에게는 모든 것이 합력하여 선을 이루느니라.
(롬 8:28)

온유한 사랑들

하나님을 신뢰함으로 하나님 앞에서 잠잠히 감사하는 온유한 모습을 보여준 신앙의 사람들이 성경에 많이 있습니다.

바울 사도는 매 맞고 감옥에 갇히고도 감사하고 찬양하는 온유한 모습을 보여 줍니다(행 16:22-34).

바울 사도는 환난을 당하는 것도 형제들을 구원할 수 있는 기회가 되므로 감사합니다(고후 1:3-6).

어떤 상황에서도 복음이 전파되고 하나님 나라의 역사의 진척을 돕는 방향으로 움직이고 있다고 보면서 감사하고 있습니다(빌 1:12-18).

이것을 온유한 신앙의 모습이라고 부르는 것이지요.

바울 사도는 많은 고난을 당합니다.

주님의 사도로서 이해할 수 없는 고난을 많이 당합니다.

그러나 바울 사도는 모든 고난을 주님을 신뢰하므로 받아들입니다.

어찌하든지 주님의 뜻만이 이루어지기를 바라면서 찬양합니다. 이렇게 하나 저렇게 하나 주님의 복음이 전해지고 주님의 영광이 나타나기만 바라는 것이지요.

온유란 이와 같이 모든 상황마다 주님의 섭리를 보는 신앙, 그래서 불평불만이 아닌 감사로 그 상황을 받아들이는 신앙인 것입니다.

성경은 모세가 온유한 사람이었다고 증거합니다.

> 이 사람 모세는 온유함이 지면의 모든 사람보다 승하더라.(민 12:3)

모세가 무엇이 온유한 사람이란 말입니까?

모세는 개성이 강하고 날카로운 데가 많은 인물입니다.

모세가 온유하였다면 그것은 그의 성품이 부드러웠다는 것이 아니고 그 모든 어려움에도 불구하고 끝까지 하나님께 순종하는 자세로 살았다는 뜻이 되는 것입니다.

그러므로 온유는 성품의 어떠함이 아니라 하나님을 향한 태도의 어떠함을 가리키는 말입니다.

예수님은 자신이 온유하다고 말씀하십니다.

28 수고하고 무거운 짐진 자들아 다 내게로 오라 내가 너희를 쉬게 하리라
29 나는 마음이 온유하고 겸손하니 나의 멍에를 메고 내게 배우라 그러면 너희 마음이 쉼을 얻으리니
30 이는 내 멍에는 쉽고 내 짐은 가벼움이라 하시니라
(마 11:28~30)

예수님은 어떻게 온유하였습니까?

주님은 죽기까지 복종하며 하나님 아버지의 길을 가는 모습을 보여 줍니다.

자신을 포기하고 어떤 상황에서도 "아버지의 뜻이 이루어지이다" 하는 삶의 태도로 일관하신 삶이니 온유한 삶이 아니겠습니까?

모세는 온유함이 지면의 모든 사람보다 승하더라 하였는데 그것은 상황에 상관없이 하나님의 뜻에 순종하는 사람임을 나타내는 말입니다.

예수님이 스스로 십자가를 지신 것은 그것이 하나님의 뜻이었기 때문입니다.

그러므로 예수님께 나가면 온유를 배우게 되고 온유는 상황을 변화시키는 힘이 되는 것입니다.

무거운 것도 가볍게 만듭니다.
온유의 열매는 그러므로 찬양입니다.
어떤 상황에서도 하나님을 신뢰하고 그를 찬양하는 삶이 되는 것입니다.

하나님께 온유한 자

하나님께 온유한 자는 사람에게도 온유하게 됩니다.
하나님을 향하여 원망하는 자는 사람에게도 원한을 품거나 원망을 하게 됩니다.
그러나 하나님께 온유한 믿음을 갖게 되면 비록 어렵고 이해 안 되는 상황이 있더라도 그것이 하나님께로부터 왔다고 생각하기 때문에 사람을 향하여 원망하거나 원한을 갖지 않게 됩니다.
요셉이 대표적인 사람입니다.
요셉은 형들이 자기를 팔아 애굽의 노예가 되었다고 말하지 않고 하나님이 하나님의 일을 위해 미리 보내셨다고 말하고 있습니다.
이것이 온유입니다.

당신들이 나를 이곳에 팔았으므로 근심하지 마소서 한탄하지 마소서 하나님이 생명을 구원하시려고 나를 당신들 앞서 보내셨나이다. (창 45:5)

그러므로 예수님은 우리 믿는 사람들을 향하여 원수도 사랑하고 축복하라고 하시는 것입니다.

하나님을 신뢰하고 보면 원수마저도 하나님께로부터 온 선물임을 알 수 있습니다.

하나님이 원하시는 사람으로 나를 빚으시려고 보낸 끌과 정이라는 것을 알게 됩니다.

원수를 사랑하는 믿음은 하나님을 철저히 믿고 따르는 온유한 신앙에서 가능한 것입니다.

성경은 원수도 사랑하라고 계속 말씀합니다.

20 네 원수가 주리거든 먹이고 목마르거든 마시우라 그리함으로 네가 숯불을 그 머리에 쌓아 놓으리라
21 악에게 지지 말고 선으로 악을 이기라 (롬 12:20, 21)

악을 악으로, 욕을 욕으로 갚지 말고 도리어 복을 빌라 이를 위하여 너희가 부르심을 입었으니 이는 복을 유업으로 받게 하려하심이라 (벧전 3:9)

하나님께 대한 온유한 반응은 사람에 대해서도 온유하게 반응하게 됩니다.

온유는 형제들을 향하여서 부드럽고 축복하는 마음을 갖게 하며 특히 해를 끼치거나 악을 행하는 자에게 반대정신으로 나갈 수 있게 합니다.

하나님을 신뢰함으로 형제의 악을 용납하고 축복할 수 있는 능력을 얻게 되는 것입니다.

그래서 이 말씀은 하나님만 전적으로 신뢰하고 하나님을 자신의 삶의 소망과 기업으로 삼고 살아가는 믿음의 사람들은 하나님이 기업으로 주시는 땅에서 행복을 누린다는 것을 말해줍니다. 하나님이 보장하시는 삶을 알기에 어떤 여건과 환경에서도 감사와 찬미로 살아가는 것입니다.

그것이 곧 천국이라는 것이지요.

온유한 자가 차지하는 영적 영토

온유함이 천국의 원리로서 복이 되는 또 다른 이유는 이 세상에서의 삶이 처음부터 천국이 못되고 사탄의 끊임없는 시험으로 가득차 있기 때문입니다.

그러므로 모든 일에 하나님을 신뢰함으로 사탄의 유혹에서 승리하여 천국을 지키고, 천국을 확장하고, 천국을 누리는 삶을 살게 될 때 복이 되는 것입니다.

결국 온유한 자가 땅을 차지한다는 것도 결론적으로는 온유한 자는 하나님이 주시는 기업의 땅을 누리며 나아가 땅에서 천국을 누린다는 것입니다.

> 내가 네게 큰 복을 주고 네 씨로 크게 성하여 하늘의 별과 같고 바닷가의 모래와 같게 하리니 네 씨가 그 대적의 문을 얻으리라 (창 22:17)

온유로 하나님만 신뢰함으로 반응하고 형제에게 반대정신으로 대하게 되면 영적 전쟁에서 승리하게 됩니다.

사탄은 불신과 절망과 다툼으로 우리를 타락시키고 패배시키려 합니다.

그러나 하나님께 온유로, 사람에게 온유로 즉 반대정신으로 나아가면 사탄의 지배 영역은 거부되고 사탄이 다스리던 땅을 영적으로 차지하여 영적 승리를 누리며 살게 되는 것입니다. 사탄에게 빼앗긴 영토를 차지하는 것이지요.

영적 승리를 위한 비결이 온유하게 반응하는 것입니다.

불평불만으로 살면 사탄이 차지하는 영토에서 불행하게 삽니다.

그러나 온유함으로 감사와 찬양으로 살면 사탄이 차지한 영역이 내 것이 되고 하나님 나라가 되어 천국의 영토를 회복하는 것입니다.

온유의 길

온유의 길은 믿음의 길입니다.

하박국 선지자는 당대에 이스라엘에 일어나고 있는 사회악에 대하여 불평하며 하나님께 항의합니다.

이스라엘이 이렇게 타락하고 악한데 하나님은 악한 자들은 살려 두시고 선한 자들은 고난 받는 이러한 비뚤어진 사회를 그냥 보고만 계시는 것에 대해 항의합니다.

하나님은 대답하십니다.

"내가 알고 있다. 앗수르를 보내어 심판하겠다"고 말씀하십니다.

그 때 하박국이 항변합니다.

앗수르는 이스라엘보다 더 악한데 그들이 이스라엘을 친

다는 말입니까?

하나님이 다시 대답하십니다.

"그러나 의인은 믿음으로 말미암아 살리라"

하나님의 대답은 믿음으로 살라는 것입니다.

하나님이 다 알고 계시다는 것입니다.

모든 역사의 지배자는 하나님이요, 하나님이 다 알고 생각을 가지고 있다는 것입니다.

그러므로 네가 이해가 안 되어도 믿음으로 살라고 말씀하시는 것입니다.

보라 그의 마음은 교만하며 그의 속에서 정직하지 못하니라
그러나 의인은 그 믿음으로 말미암아 살리라 (합 2:4)

하박국 선지자가 깨닫습니다.

"아하 사람이 이해가 안 가는 상황도 하나님은 다 아시고 생각을 가지고 다스리시고 이끄시는구나."

그래서 하박국은 온유한 신앙을 배우게 되고 고백하게 됩니다.

17 비록 무화과나무가 무성치 못하며 포도나무에 열매가 없으

며 감람나무에 소출이 없으며 밭에 식물이 없으며 우리에 양이 없으며 외양간에 소가 없을지라도
18 나는 여호와를 인하여 즐거워하며 나의 구원의 하나님을 인하여 기뻐하리로다
19 주 여호와는 나의 힘이시라 나의 발을 사슴과 같게 하사 나로 나의 높은 곳에 다니게 하시리로다.(합 3:17~19)

그러므로 온유란 믿음의 길입니다.
철저히 하나님을 신뢰함으로 상황을 믿음으로 해석하며 감사와 찬양으로 나아가는 것입니다.
우리는 이 온유가 성령의 열매라는 말씀도 듣습니다.

23 오직 성령의 열매는 사랑과 희락과 화평과 오래 참음과 자비와 양선과 충성과
23 온유와 절제니 이같은 것을 금지할 법이 없느니라.
24 그리스도 예수의 사람들은 육체와 함께 그 정과 욕심을 십자가에 못 박았느니라
25 만일 우리가 성령으로 살면 또한 성령으로 행할찌니
26 헛된 영광을 구하여 서로 격동하고 서로 투기하지 말지니라. (갈 5:22~26)

그러므로 온유는 인격수양에서 나오는 것이 아닙니다.

진실로 하나님을 믿는 믿음, 절대적인 하나님을 신뢰하는 데서 나오는 것이고 특히 성령의 열매로 맺어지는 것입니다. 성령으로 살면 온유함으로 살게 됩니다.

온유함이란 성숙한 신앙으로 하나님을 신뢰하고 어떤 환경에서도 감사로 나아가는 신앙을 의미하고 이렇게 살면 하나님이 책임지고 보장하시는 땅에 살고 사탄이 우리를 손대지 못하는 하나님 나라의 삶을 누리게 되는 것입니다.

믿음으로 삽시다.

온유한 믿음으로 감사하며 삽시다.

하나님의 보장 받는 삶으로 승리하며 삽시다.

| 간증코너 |

또 다른 천국 경험

하늘소망교회 박수정 사모

  조금은 들뜬 마음으로 바나바훈련원을 향했습니다. 보고 싶었던 전설(?)의 35기 동기모임에 참석하려고 아침부터 분주했지요. 신철원교회 목사님 부부와 함께 출발했는데 그 사모님은 사모 영성훈련 조장으로 섬기게 되어 있어 커다란 보따리 하나가 손에 들려 있었습니다. 전 그저 흥분된 마음만 가슴에 가득 담아 훈련원에 도착했습니다.

  언제 먹어도 마음 통하는 이들과 함께 하여 더욱 맛있는 식사와 정겨운 만남들! 그런데 그 속에 하나님께서 예비하신 깜짝 이벤트가 숨겨져 있었습니다. 조장으로 섬기기로 하신 사모님이 사정이 생겨 못 오시게 되었다며 "박수정 남아라!" 하시는 원장님의 명령! 곧 하나님의 명령과도 같았습니다.

  속으론 엄청 망설였지만 '아멘' 하며 순종할 수밖에 없었습니다. 그러나 문제가 한두 가지가 아니었습니다. 어디라도 여행 가려면 거의 완벽에 가깝게 짐을 싸야만 하는 제 성격인데 그 무더운 여름날, 갈아입을 옷 한 벌 없이 3박 4일을 지내야 하다니! "이것도 훈련이다. 독하게 버텨 보자" 다짐을 하며 이를 악물었습니다. 영적 전쟁이 치열한 훈련에 아무런 기도 준비 없이 조를 맡아 조장으로 섬긴다는 게 두려웠으나 주님께서 깜짝스레 준비하실 보너스 은혜를 내심 기대하게 되었습니다. 그리고 제발 우리 조에는 너무 나이 많이 드신 사모님들이나 영발(?)이 너무 세신 분들은 안 오셨으면 하는 간사한(?) 마음으로 조를 맡게 되었습니다(제가 너무 부족해서 조금은 부담스러웠던 것이지요^^).

시작은 그랬지만, 3박 4일이 하나님이 쏟아 부으시는 은혜 속에 저도 시간이 어떻게 지나갔는지 모를 정도로 바쁘게 지나가 버렸습니다. 그 기간 동안 부어 주신 은혜에 "역시 하나님이야" 하는 찬양과 고백만이 남는 행복한 시간들이었습니다. 너무도 소중한 4조 사모님들! 부족한 제가 감히 천사와도 같은 그분들을 섬기면서 오히려 제가 더 많이 배우고 은혜를 입는 멋진 3박 4일이 되었습니다.

그리고 훈련 중에 한 가지 귀한 은혜를 깨달았습니다. 훈련의 시간은 죽는 경험과 천국경험이라는 선물을 제게 안겨 주었습니다. 죽을 만큼 힘들어서 죽음을 경험했다는 것은 아니고 우리가 소망하는 천국으로 그분께서 부르실 때는 지금처럼 아무런 준비나 계획이 없을 때 "수정아 오너라." 하면 두말없이 그분 곁으로 가야 한다는 것이지요. 바나바에 남을 때 갈아입을 옷, 또 남겨진 가족들, 교인들, 못다 해 놓은 집안 일, 부흥회를 앞둔 교회 일 등 그 모든 것들을 남겨두고 말입니다.

다시 말해 주님께서 부르시면 아무런 핑계 없이 "아멘" 하며 순종해야 한다는 걸 깨달았습니다. 죽음이라는 것이 이런 것이겠음을 체험하게 되었습니다. 아무리 사랑하는 가족들이 있어도 못다 한 일들이 미련으로 남아 있어도 주님께서 부르시면 가야만 하는 거라는 귀한 깨달음이죠. 그런 깨달음에 대답이라도 하듯 제가 없어도 다들 잘 살고 교회도 가정도 평안하더라구요. 이 세상에 하나님이 안 계신다면 문제이겠지만 제가 없더라도 세상은 잘 굴러가고 있었습니다. 생명 주셨을 때, 기회 주셨을 때 열심히 충성하리라 다짐하는 시간이 되었습니다.

또한 천국을 경험했는데 "천국도 바나바 훈련원처럼 이렇게 좋은 곳이겠구나."하는 생각이 들었습니다. 아니 이보다도 더 행복한 곳이겠죠? 이 세상을 떠나면 슬플 거라는 생각들 하지만 이보다 더 좋은 천국이 우리를 기다리고 있다는 사실을 바나바훈련원을 통해 다시 한 번 경험하는 시간이었습니다.

지금도 우리 4조 사모님들의 얼굴이 한 분씩 그려집니다. 그분들의 섬김과 눈물의 사역이 천국에서 해같이 빛날 것을 기대하고 기도해 봅니다. 부족한 저를 불러 주시고 섬기게 해 주신 바나바훈련원과 하나님께 감사와 영광을 돌립니다.

상사화 연정

부르면 달려오는 님이 있어
아니
부르기 전 다가오시는 님이 있어
만나지 못해 애닲은 사연
상사화의 그리움
채울 수 없는 그 목마름을 나는 모르네

오직 내게 굶주림은
배부름을 모르는 주림이 아니요
배부름을 누리는 주림이요
오직 내게 목마름은
만족을 모르는 목마름이 아니라
만족을 누리는 목마름이라

부르면 달려오는 님이 있어
아니
부르기 전 다가오시는 님이기에
나는 부르짖어 사모합니다
나로 충만하게 하옵소서
당신의 빈 데 없는 그 충만으로
가득 가득 채워 주소서

4. 땅을 기업으로 받을 것임이요

5, 배부를 것임이요

의에 주리고 목마른 자는 복이 있나니
저희가 배부를 것임이요
...마 5:6

배부른 것임이요

수년 전 나는 열매 없는 사역이 안타까워서 보다 깊은 영성을 위하여 저녁기도 일천번제를 서원하고 기도훈련을 하였습니다.

일천일 동안 하루도 빠짐없이 저녁마다 한 시간 이상 기도한다는 훈련입니다.

쉬운 일은 아니었지만 오히려 서원하고 행하니 더 잘 할 수 있었습니다.

기도할 자유가 생겼습니다.

성령의 은혜를 사모하여 행한 훈련이었지요.

저녁기도 일천번제를 하면서 저는 참 큰 축복을 받았습니다.

첫째는 우선 눈에 보이는 것으로 훈련원 새 캠퍼스를 선물 받게 되었습니다.

463평 대지에 72평짜리 건물에서 훈련원을 하고 있었는데 대지 4700평에 교실이 열개나 있는 폐교된 초등학교 캠퍼스를 구입하게 되었습니다.

하나님께서 주시니까 쉽게 그렇게 되었습니다.

둘째로 더욱 중요하고 행복한 선물은 내 말씀 사역이 성령 사역이 된 것입니다.

치유설교가 아닌데도 설교시간에 말씀 듣다가 병 고침 받았다는 간증이 자주자주 나옵니다.

성령의 은혜 안에서 설교하다보면 나도 감격스럽고 행복하고 청중은 은혜 받고 치유 받습니다.

나는 일천번제를 서원하고, 갈망한 성령의 은혜를 누리면서 설교하게 된 행복한 설교자입니다. 인생이란 어떤 의미에서 목마름이라고 말할 수 있을 것입니다.

사람들은 무엇인가에 목말라 하며 무언가를 추구하며 삽니다.

사람들의 목마름에는 두 종류가 있습니다.

하나는 배부름을 모르는 목마름이요.

하나는 배부름을 누리는 목마름입니다.

배부름을 누리는 목마름의 인생이 복된 것입니다.

하나님께서 배부르게 하시는 목마름, 만족함을 누리는 목마름, 그것이 행복이요, 천국인 것입니다.

사람들은 흔히 부를 추구합니다.

그러나 재물이나 부에 대한 목마름은 한 번도 채워지지 않는, 배부름을 느끼지도 누리지도 못하는 목마름이라고 성경은 가르칩니다.

재물에는 만족이 없습니다(딤전 6:17, 잠 23:5).

재물만이 아닙니다.

세속적인 야망은 모두 만족함이 없는 목마름입니다.

권세에 대한 야망도 명예에 대한 야심도 모두 끝없는 목마름입니다.

대부분의 인생들은 배부르게 못할 것들을 추구하며 달음질하며 목말라 하고 있습니다.

그러나 진정한 행복은 배부르게 하는 목마름입니다.

목말라 하고 곧 배부름을 입고, 그 배부름의 경험이 더욱 소중하여 더욱 사모하며 또 목말라 하는 만족한 목마름, 이것은 영적인 것이며 우리 속사람의 내면에서 경험하는 천국

경험입니다.

하나님이 주시는 땅에서 하나님이 주시는 것으로 배부르고 만족한 삶을 누린다는 것이 얼마나 큰 행복인지 아십니까?

온유한 자, 즉 모든 일을 신앙으로 하나님께 맡기고 의지하며 감사하므로 살아가는 자는 하나님이 기업으로 주시는 땅에 거하므로 행복합니다.

하나님이 주신 땅에서 하나님이 주시는 것으로 배부르고 만족한 인생, 그것이 가장 행복한 인생입니다.

그것이 곧 천국의 삶입니다.

여기서 배부르다는 것은 육신적인 것을 말하겠습니까?

영적인 것을 말하겠습니까?

일단 여기서는 육신적인 축복보다는 영적인 축복, 영적인 삶을 다루고 있다고 볼 수 있습니다.

영적 만족 그것이 가장 행복한 천국입니다.

육신적으로 먹느냐 굶느냐의 문제는 여기서 다루지 않습니다.

이미 그것은 보장된 축복이기 때문입니다.

같은 산상 보훈에 무엇을 먹을까 무엇을 입을까 염려하지 말라는 것, 주님이 다 먹이시고 입히신다는 것을 전제하고 있기 때문입니다.

　인간이 지금 추구하여야 할 것은 영적인 것이며 하나님의 나라이며 하나님의 의라는 것입니다(마 6:25-33).

　무엇을 먹을까 무엇을 입을까 하는 차원의 목마름은 그리스도인의 것이 아닙니다.

　세상 사람들의 몫입니다.

　하나님의 나라와 하나님의 의에 대한 목마름이 그리스도인의 것입니다.

　하나님의 것에 목말라 하고 하나님께로부터 오는 만족을 경험하며 누리는 삶이 진정한 행복이요, 천국의 삶이라고 가르치고 있습니다.

　우리의 진정한 굶주림은 무엇인지 우리의 진정한 목마름은 무엇인지 깊이 이해할 필요가 있습니다.

의에 주리고 목마른 자

　의에 주리고 목마른 자가 복이 있다고 합니다.

　부에 주리고 목마른 자나 권세에 주리고 목마른 자나 명예에 주리고 목마른 자는 복을 모르고 살게 됩니다.

의에 주리고 목마른 자만이 배부름을 경험하며 누리는 행복한 삶을 얻게 된다는 것입니다.

그러면 의에 주리고 목마르다는 것은 무엇을 의미할까요? 의란 무엇일까요?

여기서 의란 공의(justice) 또는 정의(righteousness)를 의미하나 넓은 의미에서는 꼭 이루어야 할 상태, 특히 하나님 앞에 받아들여질 조건 또는 생각, 말, 예배, 행위에 있어서 하나님의 뜻과 온전히 일치하는 삶을 의미합니다.

그러므로 '의'란, 정치 사회적 의미에서의 사회정의를 배제한다고는 볼 수 없지만 그보다는, 영적인 의미에서 하나님의 뜻이 자신에게 실현되기를 갈망하는 것을 의미합니다.

다시 말해 하나님의 뜻이 자신에게 또는 자신을 통하여 실현되고 하나님 앞에 받아들여질 만한 온전함을 추구하는 갈급함이 바로 '의'인 것입니다.

산상수훈 다른 부분에서도 이런 개념이 나타납니다.

예수님은 무엇을 먹을까 무엇을 입을까 염려하는 물질적 부를 추구하는 삶과 대비시켜서 "너희는 먼저 그의 나라와 그의 의를 구하라"(마 6:33)고 말씀하십니다. 물질적 부와 재물에 목이 마른 자의 삶에서 벗어나 하나님의 나라와 하나님의 의, 즉 하나님 자체를 구하고 하나님의 뜻을 구하는 삶을 가르치고 있는 것입니다.

성경은 우리에게 우리의 삶을 의의 병기로 하나님께 드리라고 말씀합니다.

하나님의 의, 하나님이 이루고자 하는 분량의 질적 삶을 위하여 하나님께 내어 드리는 삶을 명령하고 있는 것이지요(롬 6:13).

성경이 우리에게 주어진 목적 중 하나가 의로 교육하여 하나님의 사람으로 온전케 하려는 것입니다(딤후 3:16-17).

의, 즉 마땅히 되어야 할 하나님의 뜻으로 교육하여 온전함에 이르게 하는 바로 그것이 의입니다.

의는 이제 우리의 삶 속에 온전히 이루어야 할 의인 것입니다.

우리가 이룬 의가 아니라 우리가 이루어야 할 의인 것입니다.

의란 하나님의 뜻과 일치하는 삶을 가리킵니다.

이는 우리가 이루어야 하는 그리스도인의 의인데 서기관이나 바리새인처럼 스스로 이루었다고 생각하는 내용 없는 문자적 의나 자기 의와는 다른 것입니다

> 내가 너희에게 이르노니 너희 의가 서기관과 바리새인보다 더 낫지 못하면 결단코 천국에 들어가지 못하리라 (마 5:20)

마태복음 5:20-48은 바리새인의 의, 즉 내 안에 이루어진 것으로 아는 의, 즉 자기 의가 아니라 이루어야 하는 하나님 수준의 의를 설명하고 있습니다.

그 부분에 가서 자세히 다루어야 하겠지만 한마디로 이러한 의는 온전한 의입니다.

하나님의 뜻 하나님의 마음을 알아 그대로 행하며 사는 의인 것입니다.

이렇게 하나님의 수준에 이르는 의를 갈구하는 주림과 목마름이 우리에게 있을 때 복이 있는 것입니다.

하나님의 나라와 하나님 수준의 의를 살고자 하여 주림과 목마름이 있을 때 그것은 주님의 더 큰 은혜로 만족함을 경험하는 영적 원리가 되는 것이므로 그를 복되다 하는 것입니다.

주리고 목말라 한다는 것은 그만큼 열망하며 구한다는 뜻입니다.

> 1 하나님이여 사슴이 시냇물을 찾기에 갈급함 같이 내 영혼이

주를 찾기에 갈급하니이다.
2 내 영혼이 하나님 곧 생존하시는 하나님을 갈망하나니 내가 어느때에 나아가서 하나님 앞에 뵈올꼬 (시 42:1, 2)

1 하나님이여 주는 나의 하나님이시라 내가 간절히 주를 찾되 물이 없어 마르고 곤핍한 땅에서 내 영혼이 주를 갈망하며 내 육체가 주를 앙모하나이다
2 내가 주의 권능과 영광을 보려 하여 이와 같이 성소에서 주를 바라보았나이다 (시 63:1, 2)

주님을 찾는 간절함을 표현한 시편들입니다.

이것이 의에 주리고 목마른 자의 모습입니다.

우리의 삶은 주님을 구하고 찾는, 주님과 그 은혜, 주님의 뜻과 그 분의 영광을 구하는 갈급한 영적 삶의 추구, 그것이 진정 복된 인생인 것입니다.

그리고 이 갈급함은 언제나 만족함을 경험하고 누리는 목마름인 것입니다.

예수님이 말씀하십니다.

이 땅의 샘물을 마시는 자는 다시 목마르려니와 주님이 주시는 물을 마시는 자는 영원히 목마르지 아니하리라, 즉 만

족하리라는 것입니다.

> 13 예수께서 대답하여 가라사대 이 물을 먹는 자마다 다시 목마르려니와
> 14 내가 주는 물을 먹는 자는 영원히 목마르지 아니하리니 나의 주는 물은 그 속에서 영생하도록 솟아나는 샘물이 되리라
> (요 4:13, 14)

여기서 목마름은 육신적 세속적 야망의 목마름이 아니라 주님을 구하는 목마름, 주님의 성령을 구하는 영적 목마름입니다.

그리고 그 영적 목마름은 반드시 채워지고 만족하게 된다는 약속을 주시는 것입니다.

여러분 모두가 이 영적 목마름을 아는 자 되기를 원합니다. 세속적 목마름으로 끝없이 허상을 추구하는 삶에서 자유하여 주님과 그 분의 은혜를 갈망하고 누리며 살기를 바랍니다.

> 예수께서 가라사대 내가 곧 생명의 떡이니 내게 오는 자는 결코 주리지 아니할 터이요 나를 믿는 자는 영원히 목마르지 아니하리라 (요 6:35)

37 명절 끝 날 곧 큰 날에 예수께서 서서 외쳐 가라사대 누구든지 목마르거든 내게로 와서 마시라
38 나를 믿는 자는 성경에 이름과 같이 그 배에서 생수의 강이 흘러나리라 하시니 (요 7:37, 38)

여명에

수탉 우는 소리 들리는 여명에 비로소 나는 알게 되었네
내 속에 또 다른 내가 있어
바람이 불면 속절없이 흔들리고
어두움이 오면 함께 어두워졌다가
엄동이 오면 얼음장 밑으로 숨었다가
따스한 기운이 감돌면 나타나는
정함이 없는 변덕스러운 죄인임을

새벽 종 울리는 여명에 나는 또 알게 되었네
흔들리는 내 마음 자리 거기에
하늘이 내려와 거주하고
때로는 따스한 입김으로 입맞춤하고
희망의 속삭임으로 사랑하고
고운 채색으로 옷을 입히고
환한 미소로 웃음 짓게 하는 사랑을

하늘 밝아오는 여명에
나는 나는 그제야 알았네
내가 죄인인 것과 주님이 사랑인 것을
슬프게도 감사하게도

5. 배부를 것임이요

6. 긍휼히 여김을 받을 것임이요

긍휼히 여기는 자는 복이 있나니
저희가 긍휼히 여김을 받을 것임이요
...마 5:7

궁휼히 여김을 받은 것

나는 매일 아침 말씀묵상(Q.T)을 하며 주님을 만나고 주의 음성을 듣고자 애씁니다.

어느 날 1년 동안 말씀 묵상한 것을 들춰보다가 깜짝 놀랐습니다. 1년 내내 주님으로부터 책망의 음성을 들은 날은 어쩌다 한두 번 밖에 없습니다.

그리고는 날마다 사랑으로 격려하시는 말씀만 주셨습니다. 하나님은 나의 허물과 죄악, 연약함과 모자람이 많아도 일일이 지적하시고 책망하시면 내가 감당 못할 줄을 아시고 오히려 연약할 때 격려하시고 실수할 때 허물을 감싸 주셨습니다. 사랑의 하나님께 감격합니다.

하나님이 긍휼로 나를 대하시는 것을 느끼며 감사하지 않을 수 없습니다.

긍휼히 여김을 받는 것이 복이라고 말합니다.

긍휼히 여김을 받는다는 것이 무엇을 뜻하는 것일까요?

여기서는 긍휼이라는 말뜻부터 알아보아야 할 것 같습니다. 성경은 무엇보다도 하나님을 긍휼의 하나님이라고 가르칩니다. 긍휼은 마치 하나님의 이름처럼 하나님에게 붙여지는 수식어입니다.

다음 성경 구절을 보십시오.

> 여호와께서 가라사대 내가 나의 모든 선한 형상을 네 앞으로 지나게 하고 여호와의 이름을 네 앞에 반포하리라 나는 은혜 줄 자에게 은혜를 주고 긍휼히 여길 자에게 긍휼을 베푸느니라 (출 33:19)

> 15 모세에게 이르시되 내가 긍휼히 여길 자를 긍휼히 여기고 불쌍히 여길 자를 불쌍히 여기리라 하셨으니
> 16 그런즉 원하는 자로 말미암음도 아니요 달음박질하는 자로 말미암음도 아니요 오직 긍휼히 여기시는 하나님으로 말미암음이니라 (롬 9:15, 16)

성경이 말하는 긍휼이란 그리스도의 대속을, 죄를 죄로 다루지 않고 용서의 사랑으로 구원을 주시는 그 자비의 눈을 말합니다.

하나님은 우리에게 긍휼을 베푸심으로 구원을 베푸신다고 말합니다.

그리고 이제 마지막 심판 때에도 그리스도 예수께서 긍휼을 가지고 오심으로 믿는 자들을 복 주사 영생을 주실 것입니다.

하나님은 동시에 사람들이 서로를 긍휼로 대하기를 원하시는데 이는 죄를 죄대로 다루지 아니하고 용서하는 마음과 태도를 의미합니다. 이와 반대되는 것은 정죄요 비판일 것입니다.

하나님의 긍휼을 얻는다는 것은 모든 죄를 사함 받고 하나님의 사랑과 선하심을 얻는다는 것입니다.

하나님께 그 죄를 사함 받는 자가 복이 있는 것입니다. 사실 우리 인간은 연약하여 늘 죄에 지고 사는 경우가 많아서 죄대로 긍휼 없는 하나님의 심판 앞에 서면 감당할 자 없습니다.

우리는 모두 하나님의 긍휼하심을 입은 은혜로 사는 것입니다.

하나님의 긍휼을 입음으로 끊임없는 주님의 사랑과 주님의 선하심에 거하는 자의 축복을 누리는 것입니다.

이 긍휼을 입는 축복이 얼마나 큰 것인지는 자신이 죄인이고, 늘 넘어지고, 늘 부족한 것을 인식하는 사람은 잘 압니다. 긍휼은 하나님의 은혜입니다.

하나님이 긍휼히 보실 때와 그렇지 않을 때 인생은 엄청난 축복과 심판의 갈림길에 섭니다.

성경은 이것을 너무나 잘 가르쳐 줍니다.

긍휼 없는 눈으로 하나님이 임하시면 그것은 심판이요, 멸망입니다.

9 내가 너를 아껴 보지 아니하며 긍휼히 여기지도 아니하고 네 행위대로 너를 벌하여 너의 가증한 일이 너희 중에 나타나게 하리니 나 여호와가 치는 줄을 네가 알리라
10 볼지어다 그 날이로다 볼지어다 임박하도다 정한 재앙이 이르렀으니 몽둥이가 꽃 피며 교만이 싹났도다 (겔 7:9, 10)

그러나 하나님이 긍휼로 임하실 때는 구원이요, 축복입니다.

> 내가 그들을 뽑아낸 후에 내가 돌이켜 그들을 긍휼히 여겨서
> 각 사람을 그 산업으로, 각 사람을 그 땅으로 다시 인도하리니

이스라엘의 불신과 타락을 참다못해 하나님이 노를 발하시며 심판을 선언 하실 때 긍휼히 여기지 아니하겠다고 선포하십니다.

긍휼이 아니면 남는 것은 심판인 것입니다.

벌이요, 몽둥이요, 재앙뿐입니다.

그러나 하나님이 돌이켜 긍휼을 베푸실 때 재앙으로 팔려 갔던 백성들이 다시 회복 되는 것입니다.

그러므로 긍휼히 여기는 복을 받는다는 것은 하나님의 용납하심과 용서하심과 사랑하심과 선하심을 받는다는 것입니다. 언제나 하나님의 사랑의 시선, 선하심의 시선을 받는 축복이 진정한 축복이며 이것이 천국의 삶입니다.

하루하루의 삶이 하나님의 긍휼하심이 아니라면 우리는 죽을 수밖에 없는 인생들입니다.

우리는 오늘도 하나님의 긍휼을 힘입어 살아가는 것입니다.

하나님의 긍휼은 기본적으로 타락한 인생, 죄 많은 인생임에도 불구하고 잘 살라고 축복하시던 말씀에서 잘 계시되고

있습니다.

노아 홍수 이야기를 기억하시지요?

홍수 이후에 노아의 제사를 받으시면서 하나님이 말씀 하시기를 이제 다시는 홍수와 같은 재앙으로 인류를 멸망시키지 않겠다고 약속하십니다.

그 이유는 사람들이 어려서부터 악하기 때문이라고 하십니다 (창 8:21-22).

이게 무슨 말입니까?

사람이 어려서부터 악한 것을 아시기에 심판하지 않겠다는 것이니 심판하면 인류 자체가 살아남을 수 없으므로 죄악에도 불구하고 긍휼로 보아 주어서 인생들을 살게 하시고 잘 살게 하신다는 뜻입니다.

이 땅에 존재하는 모든 인류의 삶과 역사는 기본적으로 하나님의 긍휼하심의 은총을 입어 존재합니다.

그러니 모든 인생은 감사로 살아야 하지만 하나님의 긍휼을 모르는 자들은 감사도 없습니다.

게다가 우리 그리스도인들은 이중적으로 하나님의 긍휼의 은총을 입고 삽니다.

이 땅에 인류가 존재하는 것 자체가 하나님의 긍휼의 은총인데 우리는 게다가 그리스도의 특별한 은총을 한 번 더 받

아 구원 받아서 천국 시민이 된 것이니 이중적으로 은혜를 받고 사는 것입니다

하나님의 긍휼을 입고 산다는 것은 우리가 부족할 때도 죄로 넘어질 때도 하나님의 용서와 사랑이 끊임없이 우리에게 흐르고 임하는 은혜입니다.

이것이 죄 가운데서 살아가는 인생이 필수적으로 받아야 하는 축복입니다.

긍휼히 여기는 자

긍휼히 여기는 자가 복이 있다 하십니다.

긍휼히 여긴다는 것은 하나님의 긍휼하심과 같이 다른 사람에 대하여도 용납하고 용서하는 마음으로 대한다는 것을 의미합니다.

죄인을 불쌍히 여기는 마음입니다.

죄를 짓고 있음에 대하여 정죄하고 비판하는 태도가 아니라 그가 죄인 된 것을 불쌍히 여기고 용서와 사랑으로 용납하여 죄인을 구원코자 하며 죄에서 벗어나게 하려는 사랑입니다. 죄인의 죄를 정죄하는 것이 아니라 불쌍히 여기는 것

입니다. 불쌍히 여기게 되면 용서하는 마음이 생기고 다음에는 그를 죄에서 벗어나게 하려는 사랑의 마음이 생깁니다.

사랑의 중보자가 되는 것입니다.

긍휼은 죄인을 다루시는 하나님의 자비로운 마음이며 사람에게는 그 자비의 하나님을 닮은 마음입니다.

다른 이의 죄를 덮어주고 용서하는 자비의 마음인 것입니다.

하나님 자신이 긍휼을 가지신 하나님이기에 사람을 향하여도 긍휼을 가지기를 명령하시는 것입니다.

그리고 이 긍휼을 가진 사람에게 하나님은 더욱 긍휼을 베푸신다고 합니다.

우리가 하나님의 긍휼하심을 따라 서로 긍휼히 여기지 아니하면 하나님도 긍휼 없는 심판으로 오시겠다고 경고하십니다.

긍휼을 행하지 아니하는 자에게는 긍휼 없는 심판이 있으리라
긍휼은 심판을 이기고 자랑하느니라. (약 2:13)

하나님께서는 우리에게도 긍휼을 원하십니다.

우리가 긍휼히 여기며 살면 하나님은 우리에게 언제나 긍

휼로 임하십니다.

하나님은 긍휼의 하나님이시기 때문입니다.

범죄한 아담과 하와가 부끄러워 무화과 나뭇잎으로 옷을 해 입었을 때 하나님은 그들을 위하여 가죽 옷을 지어 입히십니다(창 3:21).

하나님의 긍휼의 멋진 장면입니다.

이러한 하나님의 긍휼의 은혜로 살고 구원 받은 우리이기에 하나님은 우리도 서로를 향하여 긍휼히 여기며 용서하며 사랑으로 살기를 기대하십니다.

노아가 포도주를 많이 마시고 취하여 벌거벗고 누워 있을 때, 이것을 보고 나가서 떠벌리고 웃음거리로 만든 함은 저주를 받습니다. 그러나 아버지의 실수를 덮어 주었던 셈과 야벳은 축복을 받습니다.

특히 하나님을 셈의 하나님이라 일컫게 됩니다.

하나님은 긍휼을 베푸는 자의 하나님으로 불리기를 즐겨 하시는 것입니다(창 9:23-27).

신약에서도 마태복음 18:24-35 이야기는 동일한 하나님의 마음과 기대를 나타내는 말씀입니다.

일만 달란트 빚을 탕감 받은 사람이 자기에게 일백 데나리온의 빚을 갚지 못한 사람을 감옥에 가둡니다.

이 이야기를 들은 일만 달란트의 채주는 당장에 일만 달란트의 빚을 갚으라고 합니다.

이 이야기를 통하여 하나님의 긍휼하심을 받아 은혜로 구원 받은 우리가 서로 긍휼히 여기지 못하고 용서하지 못하면 하나님도 용서하지 않으시고 긍휼 없는 자에게는 긍휼 없는 심판을 행하리라고 경고하는 것입니다.

> 32 이에 주인이 저를 불러다가 말하되 악한 종아 네가 빌기에 내가 네 빚을 전부 탕감하여 주었거늘
> 33 내가 너를 불쌍히 여김과 같이 너도 네 동관을 불쌍히 여김이 마땅치 아니하냐 하고
> 34 주인이 노하여 그 빚을 다 갚도록 저를 옥졸들에게 붙이니라
> 35 너희가 각각 중심으로 형제를 용서하지 아니하면 내 천부께서도 너희에게 이와 같이 하시리라 (마 18:32~35)

하나님은 우리가 서로 긍휼의 눈으로 바라보고 용납하고 용서하기를 원하십니다.

긍휼은 하나님의 사랑의 속성일 뿐 아니라 긍휼히 여기는 마음이 있어야 죄 많은 세상에서 서로 용서하고 사랑하고 천국을 만들고 누릴 수 있기 때문입니다.

그러므로 긍휼히 여기는 자는 복이 있습니다.

하나님의 긍휼 속에 살게 되고 그 사랑 안에 모두를 품기 때문입니다.

하나님의 긍휼 속에 산다는 것은 하나님의 사랑 속에 산다는 것입니다.

하나님의 사랑 속에 사는 것이 천국이요 축복이요 행복입니다.

우리는 하나님의 긍휼을 기다리고 사모하며 살게 되고 서로 긍휼히 여기며 살아 용서와 사랑의 천국 공동체를 이루는 사람들입니다.

하나님의 긍휼을 받아 그의 사랑을 누리니 천국이요, 다른 사람의 죄나 허물도 비판과 정죄가 아닌 긍휼로 대하므로 천국공동체를 이루니 공동체적으로 천국을 누리게 되는 것입니다.

21 하나님의 사랑 안에서 자기를 지키며 영생에 이르도록 우리 주 예수 그리스도의 긍휼을 기다리라
22 어떤 의심하는 자들을 긍휼히 여기라
23 또 어떤 자를 불에서 끌어내어 구원하라 또 어떤 자를 그 육체로 더럽힌 옷이라도 싫어하여 두려움으로 긍휼히 여기라

(유 1:21~23)

    하나님은 긍휼이 풍성하시지만 내가 다른 이의 허물을 향하여 긍휼이 없으면 하나님의 긍휼을 기대할 수 없습니다.
    그래서 우리가 우리에게 죄 지은 자를 사하여준 것 같이 우리의 죄를 사하여 주옵시고 라고 기도하지 못하게 됩니다.
    하나님은 자비와 긍휼을 원하시는 하나님이며 긍휼의 하나님이므로 우리가 긍휼로 살면 하나님과 가까이 살게 됩니다. 서로 긍휼히 여기는 마음으로 사람을 바라보도록 합시다.
    용서와 용납으로 허물을 품어 봅시다.
    그리하여 사랑이 지배하는 삶을 살도록 합시다.
    그것이 천국을 만드는 길입니다.

| 간증 코너 |

대상포진을 아시나요?

36기, 추수꾼 셀교회 방석운 목사

25살 되던 해 그리스도를 내 구주로 영접하기 전까지 나는 회의주의자였습니다.

그리고 목회 사역을 해 오던 어느 날, 나는 다시 냉소적인 사람이 되어 있었습니다. 바나바훈련원에 오기 전 지난 3년은 영적인 암흑기 같은 시기를 살았습니다. 내 인생과 사역은 주님에 대한 섭섭함과 주님의 친밀감을 동시에 갈구하는 어리석은 모습이었습니다.

제 딴에는 주님께 잘했다고 생각했는데 왜 이토록 목회현장은 불공평한가에 대한 반감까지 들었습니다. 그 시기가 지나자 무심해지기 시작했고 손을 놓은 채 세월을 흘려보내고 있었습니다. 내 안의 영의 외침과 달리 내 몸과 마음은 지쳐 있었고 나는 다시 불쌍히 여김을 받아야 할 처지가 되었습니다. 지난해 10월 바나바 훈련원에서 훈련을 마친 한 후배 목사님(임채식)을 통해 주님은 나의 부끄러운 손을 슬며시 잡아 이끄셨습니다.

바나바 훈련원이 마지막 기회라고 생각하고 기다렸습니다. 그러나 개강예배가 드려지는 3월 첫 주를 바로 앞두고 지독한 독감과 더불어 대상포진이라는 통증이 심한 신경염이 찾아 왔습니다. 이미 병원 응급실에 두 번씩이나 실려 간 처지였습니다. 입원하라는 의사의 권고가 있었지만, 내 영혼의 갈망이 더욱 컸습니다. '죽으면 죽으리라' 는 각오로 바나바 훈련원을 찾았습니다. 온 몸을 죄고 찌르는 통증은 견딜 수 없을 만큼 나를 몰아쳤지만 그 고통도 내 영혼의 주님에 대한 갈망을 이겨낼 수 없었습니다. "주님, 마지막 기회입니다. 아버지! 다시 일어서고 싶습니다. 불쌍히 여겨 주세요." 라는 고백과 간구로 나의 바나바훈련이 시작 되었습니다.

그리고 9개월이 흘렀고, 어느덧 바나바훈련원도 이제 다음 달 수료만 남겨 두게 되었습니다. "나는 그 동안 어떻게 변화되었을까?"라는 물음을 스스로에게 던집니다. 그렇습니다. 주님은 사랑으로 나를 새롭게 만져 주셨습니다. 나의 삶은 회복되었고, 사역은 다시 시작되었습니다. 새로운 소망과 비전으로 앞날을 기대하고 있습니다. 하지만 이 모든 것들 가운데 "석운아, 내가 너를 사랑하다. 너도 이제 저들을 사랑할 수 있겠니?" 라는 주님의 물음에 "네 주님, 사랑할 수 있어요."라고 말할 수 있게 된 것은 주님의 가장 큰 은혜였습니다. 이 사랑으로 인해 지난 9개월은 감격의 연속이었습니다.

'여주동행'의 달 3월은 잊을 수 없는 날입니다. 이강천 목사님과 36기 동역자들의 사랑의 중보기도로 독감과 대상포진을 치료 받은 그 날의 감동은 너무나 큽니다. 또한 아침묵상과 저녁기도에 대한 하나님의 친밀함에 대한 도전은 정말 새로움이었습니다. 3월 내내 울었습니다. 이 울음은 4월의 세계선교, 5월의 중보기도의 달에 이르기까지 계속 되었습니다. 바나바훈련원은 내 눈물의 장소가 된 곳입니다. 애통하는 눈물에서, 감사의 눈물, 비전의 눈물 등 쏟을 수 있는 눈물은 다 흘렸던 것 같습니다. 특히 5월 중보기도는 눈물과 더불어 경외감으로 나를 덮쳤습니다. 추수를 위한 지역연합 중보기도의 비전이 큰 소망으로 내 가슴에 자리 잡았습니다. 향후 10년 안에 용인지역 연합으로 부활절, 성탄절에 기도와 찬양이 있는 용인시 예수 대행진(prayer walking)을 꿈꾸고 있습니다.

마침내 나의 삶의 자세가 주님을 향하게 되었고, 사역에 헌신할 준비가 되었습니다. 3월에 가정에서 개척한 우리 '추수꾼 셀 교회'에 하나님은 새로운 영혼들을 붙여주셨고, 이 새신자들을 향한 주님의 마음은 나를 들뜨게 만들었습니다. 한 영혼이 얼마나 예쁘고 귀한지 날마다 감사하고 있습니다.

6월에 전도 훈련에서 주님은 말씀하셨습니다. "네가 한 영혼을 온전히 용납할 때까지 나는 한 영혼을 보내고 또 보낸다. 그리고 네가 비로소 용서와 사랑을 경험하고 나면 내가 너에게 수많은 영혼들을 보내고 또 보낼 것이다."

주옥같은 메시지는 바나바 훈련원에서 매달 던져졌습니다. 7월에는 말기 암 환자인 한 목회자를 향한 형제애로 얼마나 성령의 능력을 간구했는지 모릅니다. 9월의 예배갱신, 10월 선교훈련 그리고 11월의 동적 영성은 도전의 연속이었습니다. 그렇습니다. 이제 시작에 불과합니다. 다시 시작입니다. 말씀으로 주님과 교제하는 깊은 묵상과 끈질기고 간절한 기도로 주님 불러 주실 그 날까지 주님 부탁하신 복음 전하는 일에 내 몸과 영혼이 불타오르기를 소망합니다. 바나바 훈련원의 원장님과 스텝들 그리고 동역자들에 대한 감사를 어떻게 말로 다 표현하리요!

마지막으로 사랑하는 가족과 교회 형제, 자매들에게 감사와 사랑을 전하고 싶습니다. 그들은 나의 가장귀중한 보배들입니다.

호수

내 안에
온갖 잡동사니
저 아래
가라앉힐 수 있다면

내 안에
님의 맑은 눈동자
하나 가득
품고 살 수 있으련만

내안에
일렁이는 바람
고요히
잠재울 수 있다면

내 안에
님의 비단결 같은 미소
그윽히
머금을 수 있으련만

6. 긍휼히 여김을 받을 것임이요

# 1, 하나님을 볼 것임이요

마음이 청결한 자는 복이 있나니
저희가 하나님을 볼 것임이요
...마 5:8

하나님을 보는 축복

하루는 서울에 사시는 어떤 집사님이 내게 물어볼 것이 있어서 전화를 하게 되었습니다.

통화를 끝낼 즈음에 집사님이 물었습니다.

"목사님, 목사님은 음성만 들어보아도 행복하신 것 같네요?"

"암 행복하지. 행복하고말고."

"목사님 무엇이 그리 행복하세요?"

"매일 아침 하나님을 만나고 그분의 사랑을 받고 사니 행복하지."

오래 연구하고 생각해서 대답한 것이 아니고 그냥 그렇게 대답이 나왔습니다.

날마다 하나님을 뵈오며, 만나며, 교제하며, 사랑하며, 사랑받으며 산다는 것은 얼마나 감격스러운 일입니까?

그리스도인의 제일가는 기쁨과 영광은 하나님을 보는 것입니다.

천국이란 하나님을 만나며 교제하는 삶의 기쁨을 의미하는 것이지요.

우리 인생이 누릴 수 있는 축복 가운데 제일가는 축복은 매일 하나님을 만나며, 대화하며, 교제하며 사는 일입니다.

시편 기자는 하나님을 보며 주님과 함께 사는 축복을 이렇게 노래하고 있습니다.

8 내가 여호와를 항상 내 앞에 모심이여 그가 내 우편에 계시므로 내가 요동치 아니하리로다.
9 이러므로 내 마음이 기쁘고 내 영광도 즐거워하며 내 육체도 안전히 거하리니
10 이는 내 영혼을 음부에 버리지 아니하시며 주의 거룩한 자로 썩지 않게 하실 것임이니이다.
11 주께서 생명의 길로 내게 보이시리니 주의 앞에는 기쁨이 충만하고 주의 우편에는 영원한 즐거움이 있나이다.

(시 16:8~11)

    기쁨과 평안은 주님의 것이고 우리가 매일 주님을 보며 주님과 만나는 것은 기쁨이요, 감격이며 즐거움이요, 평안이며 그 즐거움은 영원한 즐거움이지요.
    욥은 그가 하나님을 보던 시절과 하나님이 안 보이는 시기의 경험을 대조적으로 표현하고 있습니다.
    그가 하나님을 보며 만나던 날은 영광스러운 기쁨의 삶이었습니다.
    그러나 하나님을 못 보고 만나지 못하게 되자 그는 답답함과 불행스러움을 다음과 같이 토로합니다.

4 나의 강장하던 날과 같이 지내었으면 그 때는 하나님의 우정이 내 장막 위에 있었으며
5 그 때는 전능자가 오히려 나와 함께 계셨으며 나의 자녀들이 나를 둘러 있었으며
6 버터가 내 발자취를 씻기며 반석이 나를 위하여 기름 시내를 흘러 내었으며
7 그 때는 내가 나가서 성문에 이르기도 하며 내 자리를 거리에 베풀기도 하였었느니라
8 그런데 내가 앞으로 가도 그가 아니 계시고 뒤로 가도 보이

지 아니하며
9 그가 왼편에서 일하시나 내가 만날 수 없고 그가 오른편으로
돌이키시나 뵈올 수 없구나 (욥 29:4~9)

욥은 하나님의 우정이 자기 장막 위에 있고 전능자가 함께 하였던 기쁘고도 영광스러운 지난날의 삶을 회상하고 그리워합니다.

그리고 지금 하나님을 볼 수 없는 답답함을 뼈아프게 느끼고 있습니다.

우리가 하나님을 뵈옵는다는 것은 기쁨이요, 영광이요, 힘이나 하나님을 뵙지 못한다는 것은 외로움이요, 절망이며 저주입니다.

그리스도인이 가장 사모하고 추구해야 할 기쁨과 영광은 하나님을 만나며 하나님과 교제하는 것입니다.

우리는 날마다 주님의 영광을 보며 주님과 마주 대하여 교제하는 즐거움을 사모하여야 합니다.

하나님을 보는 삶의 영광과 기쁨보다 더한 축복은 이 세상에 없습니다.

나는 의로운 중에 주의 얼굴을 보리니 깰 때에 주의 형상으로

만족하리이다. (시 17:15)

주의 얼굴을 보며 그 분의 얼굴을 보는 만족함을 누리는 인생이야말로 참으로 행복한 천국의 삶을 누리는 것입니다.

마음이 청결한 자

하루는 말씀 묵상 시간에 레위기 19장을 묵상하고 있는데 "내가 거룩하니 너희도 거룩하라."는 말씀으로 나를 권면하시는 음성이 들려왔습니다.

"주님 오늘 저에게 거룩이란 무엇입니까? 제가 어떻게 거룩하여질 수 있습니까?"라고 여쭤보며 본문을 읽어 나갔습니다.

거기 "도적질하지 말며 거짓 증거하지 말지니라."하는 구절에 이르렀습니다.

"주님 제가 혹시 도적질한 것이 있습니까?"라고 여쭈며 묵상하고 있었는데

그날 주님은 내게 아주 구체적인 것을 말씀하셨습니다.

"도적질한 것이 네게 아주 많다."

나는 깜짝 놀라 물었습니다.

"무엇을 많이 도적질 하였습니까?"

"네 컴퓨터 속에 도적질한 것으로 가득 차 있지 아니하냐?"

당시에는 컴퓨터 프로그램을 복사해서 쓰는 경우가 많았고 나도 마찬가지로 복사한 프로그램을 많이 쓰고 있었는데 그것이 도적질이라고 지적하시며

"오늘 너에게는 이 복사한 프로그램을 지우고 정품으로 사다가 쓰는 것이 거룩이다."라고 말씀하시는 것이었습니다.

나는 그날로 복사된 프로그램을 지우고 하나하나 정품을 사다가 쓰기 시작했습니다.

물론 돈이 많이 들었지요.

그리고 그날 하나님의 사랑이 내 마음에 가득 차오르는 감격을 누리게 되었습니다.

"하나님이 나의 마음과 생각이 이토록 깨끗하기를 원하시는구나.

하나님이 나를 이만큼 아끼고 사랑하시는구나." 감격이 밀물처럼 밀려왔습니다.

마음이 청결한 자가 이러한 하나님을 보고 만나고 교제하

는 축복을 누린다고 하였습니다.

그렇다면 이제 마음이 청결한 자가 되는 것이 무엇을 의미하는지 살펴보도록 하지요.

청결이란 신체적으로 깨끗한 것입니다.

예전적으로는 부정한 것과 접촉되지 아니한 것입니다.

도덕적으로는 정욕, 죄, 죄책이 없는, 거짓 없이 순수한, 흠 없는 것을 의미합니다.

마음이 청결하다는 것은 마음에 죄나 욕심이나 거짓이나 잡된 것이 없이 하나님의 말씀이 거하고 하나님의 성령이 거하실 만한 거룩하고 깨끗한 마음을 의미합니다.

마음이 청결해 지려면 기본적으로 죄의 문제를 해결해야 합니다.

우리 마음에 죄가 있는 한 하나님을 볼 수 없습니다.

죄를 짓고 해결하지 않은 채로, 씻음 받지 않은 채로, 죄를 품고 있는 채로 하나님과 교제가 이루어 질 수 없는 것입니다. 성경은 죄가 우리와 하나님 사이를 갈라놓았다고 말합니다.

> 오직 너희 죄악이 너희와 너희 하나님 사이를 내었고 너희 죄가 그 얼굴을 가리워서 너희를 듣지 않으시게 함이니 (사 59:2)

그러므로 우리가 하나님을 뵙고 만나려면 죄의 문제를 해결해야 합니다.

그러면 우리 마음의 죄악을 어떻게 해결해야 할까요?

첫째, 사죄의 은혜를 받아야 합니다.

근본적으로 회개하고 복음을 믿음으로 사죄함 받아 하나님 앞에서 의인이 되는 것입니다.

우리는 예수 그리스도의 피의 대속으로 말미암아 죄 사함을 얻는 은혜를 받게 되었습니다.

> 우리가 그리스도 안에서 그의 은혜의 풍성함을 따라 그의 피로 말미암아 구속 곧 죄 사함을 받았으니(엡 1:7)

죄 사함을 받는 날 우리는 성령을 함께 받습니다.

하나님의 성령을 받는다는 것은 하나님을 뵈옵고 교제하게 되는 것을 의미합니다.

> 베드로가 가로되 너희가 회개하여 각각 예수 그리스도의 이름으로 세례를 받고 죄 사함을 얻으라 그리하면 성령을 선물로 받으리니 (행 2:38)

둘째, 이제는 죄를 짓지 말고 살아야 합니다.

거룩한 삶을 유지해야 주님과의 교제가 끊임없이 지속됩니다.

그러나 신자가 혹 연약하여 다시 죄를 범하게 되면 자백을 통하여 씻음 받을 수 있습니다.

우리가 믿으면서도, 신앙생활을 하면서도, 하나님과 교제하며 살다가도 죄를 범하는 수가 있는데 이때도 하나님과의 교제가 단절되거나 멀어집니다.

그러므로 이런 경우에도 죄의 문제를 해결해야 다시 하나님과의 교제가 회복됩니다.

어떤 경우에도 죄를 자백하고 사함 받음으로써 주님과의 교제가 회복될 수 있습니다.

성경은 말합니다.

만일 우리가 우리 죄를 자백하면 저는 미쁘시고 의로우사 우리 죄를 사하시며 모든 불의에서 우리를 깨끗케 하실 것이요
(요일 1:9)

셋째, 반복되는 죄는 그 죄의 세력을 근본적으로 멸하여 거룩해져야 합니다.

이를 위해 불세례, 성령 세례를 받아야 합니다.

세례 요한은 예수님이 불세례를 주실 자라고 증거 했습니다. 세례에는 물세례가 있고 불세례가 있는데 물세례는 회개하고 사죄함을 받는 세례요, 불세례는 아예 죄의 세력을 멸하여 죄의 세력으로부터 해방되어 죄를 짓지 아니하는 능력을 얻는 것입니다.

> 나는 너희로 회개케 하기 위하여 물로 세례를 주거니와 내 뒤에 오시는 이는 나보다 능력이 많으시니 나는 그의 신을 들기도 감당치 못하겠노라 그는 성령과 불로 너희에게 세례를 주실 것이요 (마 3:11)

로마서를 읽어 보면 바울 사도가 믿음 이후에도 죄로 인한 갈등이 있었고 죄의 세력이 자신을 얽어매고 있음을 인하여 탄식하는 경험을 고백하고 있습니다.

> 1 그러므로 이제 그리스도 예수 안에 있는 자에게는 결코 정죄함이 없나니
> 2 이는 그리스도 예수 안에 있는 생명의 성령의 법이 죄와 사망의 법에서 너를 해방하였음이라

우리가 죄를 자백하여 사함 받고 나아가 성령의 은혜를 받아 청결한 마음이 되어 살면 날마다 순간마다 주님과의 교제가 끊임없이 이어집니다.

죄의 자백은 천국의 삶의 절대적 요건이 되는 것입니다.

잡스러운 쓰레기 치우기

하나님 보는 일을 방해하는 것이 죄만은 아닙니다.

우리 마음이 죄 외에도 잡스러운 것들로 가득하면 하나님을 보는 일에 방해를 받습니다.

우리 마음을 청결하게 하려면 잡스러운 쓰레기도 치워야 합니다.

예수님은 씨 뿌리는 자의 비유를 통하여 우리의 마음 상태를 볼 수 있도록 가르치십니다.

> 3 예수께서 비유로 여러 가지를 저희에게 말씀하여 가라사대 씨를 뿌리는 자가 뿌리러 나가서
> 4 뿌릴 쌔 더러는 길 가에 떨어지매 새들이 와서 먹어 버렸고
> 5 더러는 흙이 얇은 돌밭에 떨어지매 흙이 깊지 아니하므로 곧

싹이 나오나

6 해가 돋은 후에 타져서 뿌리가 없으므로 말랐고

7 더러는 가시떨기 위에 떨어지매 가시가 자라서 기운을 막았고

8 더러는 좋은 땅에 떨어지매 혹 백배, 혹 육십배, 혹 삼십배의 결실을 하였느니라 (마 13:3-8)

1) 길바닥 마음

길바닥 같은 마음은 하나님의 말씀이 들어갈 자리가 전혀 없고 마귀가 지배하는 마음을 말합니다.

길은 사람들이 자꾸 지나다녀서 다져짐으로 만들어 집니다.

마귀가 우리 마음에 자꾸 드나들면 길바닥 마음이 됩니다. 우리의 마음에 마귀가 드나드는 문을 차단하고 하나님만 모셔야 합니다.

교만은 마귀가 드나드는 문이 됩니다.

지적, 경험적 교만은 하나님을 모시지 못하는 마음이 되게 합니다.

성경은 이런 교만은 하나님을 대적하여 높아진 마음이기 때문에 영적 은혜와 영적 능력으로만 무너뜨릴 수 있다고 말합니다.

이러한 지적, 경험적 교만이 우리 속에 있으면 하나님을 만나고 교제할 수가 없습니다.

> 4 우리의 싸우는 병기는 육체에 속한 것이 아니요 오직 하나님 앞에서 견고한 진을 파하는 강력이라
> 5 모든 이론을 파하며 하나님 아는 것을 대적하여 높아진 것을 다 파하고 모든 생각을 사로잡아 그리스도에게 복종케 하니
> (고후 10:4, 5)

세상의 여러 이론, 지적 교만, 자기 나름대로 굳어진 생각이 마치 견고한 진처럼 구축되어 있어서 말씀이 들어가 터를 잡지 못하게 합니다.

하나님의 말씀을 나의 이론, 나의 교만한 지식에 맞추어 인용하려는 자세로는 길바닥 밭이 되어 하나님의 말씀의 속뜻을 깨닫지 못합니다.

자기 생각과 자기 이론에 매이는 교만을 해결해야만 하나님을 보며 만날 수 있습니다.

이 길바닥 밭은 갈아엎어서 새롭게 하지 않으면 청결해지지 못하고 하나님의 말씀이 들어가 싹트지 못합니다.

편견을 버리고 순수하게 하나님 앞에 서야 합니다.

지적 교만을 버리고 겸손히 하나님 앞에 나아오는 자가 하나님을 보고 만나고 교제하며 주님으로 인한 기쁨을 알게 될 것입니다.

우리의 마음에 마귀가 드나들지 못하게 하고 어린아이 같은 믿음으로 주님을 사모하고 모시며 살아가야 합니다.

2) 가시떨기 마음

가시떨기 밭과 같은 마음이 있습니다.

그것은 세상의 염려와 욕심으로 마음이 번잡하게 채워져 있는 상태입니다.

주님은 바리새인들의 마음에 이러한 쓰레기가 가득하다고 책망한 적이 있습니다.

주께서 이르시되 너희 바리새인은 지금 잔과 대접 겉은 깨끗이 하나 너희 속인즉 탐욕과 악독이 가득하도다 (눅 11:39)

우리 마음에서 염려와 욕심, 악독, 세상적인 야망을 다 버리면 하나님을 보게 됩니다.

하나님을 얻는 것보다 귀한 것은 없습니다.

세상의 부도 명예도 그 무엇도 하나님을 얻는 일을 방해하지 못하게 해야 합니다.

 욕심에 이끌리지 말아야 합니다.

 허영에 넘어가지 말아야 합니다.

 명예에 마음을 빼앗기지 말아야 합니다.

 탐욕이 마음을 지배하지 못하게 해야 합니다.

 돈을 많이 벌겠다는 욕심에 자신을 내 주지 않도록 해야 합니다.

 우리의 마음을 비워 청결하게 하고 주님을 뵈옵는 삶을 누리시기 바랍니다.

 3) 돌밭 마음

 돌밭이란 마음이 상처와 원한 등으로 채워져 있는 경우를 말합니다.

 죄가 아니라도 상처나 원한이 가득하면 하나님을 만나고 하나님과 교제하는데 장애를 받습니다.

 그러므로 용서는 남을 위한 것만이 아니라 자신을 위하여도 필수적인 것입니다.

 상처와 원한을 해결하려면 예수 그리스도의 사랑으로 용서하는 마음이 되어야 합니다.

 마음속에 있는 상처와 원한을 치료하는 가장 좋은 방법은 용서하는 것입니다.

첫째는 하나님께 대한 용서입니다.

하나님을 향한 원망스러운 마음을 버리고 온유한 신앙으로 돌아가야 합니다.

둘째는 자기 자신에 대한 용서가 필요합니다.

때로는 상처와 원한 속에서 자신을 자책하는 쇠사슬에 매여 지내는 경우도 있는데 자신을 용서해야 합니다.

셋째는 이웃에 대한 용서입니다.

자신에게 상처를 준 사람을 용서하는 것이 자신이 치유되는 길입니다.

상처 받은 경험이 있으면 그것이 원한으로 남지 않도록 다 용서하고 해방되도록 하십시오.

그렇게 해야 우리의 영혼이 맑아지고 깨끗하여져서 주님을 모신 삶의 기쁨과 감격을 늘 유지할 수 있습니다.

> 노하기를 더디 하는 것이 사람의 슬기요 허물을 용서하는 것이 자기의 영광이니라. (잠 19:11)

우리의 죄를 해결하여 거룩함에 이르고 잡스러운 쓰레기를 우리 마음에서 제거하여 청결한 마음을 유지하면 우리는 하나님을 뵈옵는 축복을 누리게 됩니다.

하나님을 본다는 것은 하나님과 온전한 교제를 누린다는 것입니다.

그리스도인만이 누릴 수 있는 축복을 경험하는 것입니다.

여호와는 의로우사 의로운 일을 좋아하시나니 정직한 자는 그 얼굴을 뵈오리로다 (시 11:7)

날마다 하나님의 얼굴을 뵘으로 말미암아 삶에 승리가 있고 기쁨이 있기를 바랍니다.

코이노니아

주님이 우리를 빚으실 때
"우리" 이미지로 만드셨기에
우리는 "우리"가 되었습니다.

십자가로 다리를 놓으셨기에
멀어진 당신을 아버지라 부르고
우리는 형제가 되었습니다.

합심기도를 응답한다 하시기에
사랑하는 영혼 가슴에 품고
이렇게 하나 되어 모였습니다.

7. 하나님을 볼 것임이요

8, 하나님의 아들이라 일컬음을 받을 것임이요

화평케 하는 자는 복이 있나니
저희가 하나님의 아들이라 일컬음을 받을 것임이요
...마 5:9

하나님의 아들

나는 건강이 좋지 않아서 두 번의 요양생활을 한 적이 있습니다.

두 번째 요양생활을 위해 교회를 사임해야 할 때는 절망적이었습니다.

이제 다시는 목회현장으로 돌아 올 수 없을 것이라는 생각이 나를 무척 힘들게 했습니다.

하나님이 원망스러웠고 하나님이 나에게서 멀리 계신 것 같았습니다.

너무 절망적이고, 너무 억울하고, 너무 슬퍼서 매일 울었습니다.

그날도 침대에 누워서 천정 너머의 하늘을 향해 하나님을 원망하며 막 대들었습니다.

"비전은 주시고 비전을 성취할 만한 능력과 힘과 여건은 왜 주시지 않으시는 겁니까?"

화가 난 목소리로 떠들었지만 하나님은 아무 말씀이 없으셨습니다.

더욱 처절하다는 생각이 들어 절망하고 있었습니다.

그런데 내가 절망하여 완전히 넘어지게 될지도 모르는 그 순간에 하나님이 내게 다가오셨습니다.

영으로 다가와 말씀 하셨습니다.

"내 아들아 아직 안 끝났다."

"내 아들아"

부르는 소리를 들을 때, 그 순간 내 안에 있던 원망도 슬픔도 절망도 다 사라졌습니다.

다시 살아난 인생은 예전보다 더욱 감격하는 삶으로 삽니다.

주님은 이제 하나님의 아들이라 일컬음을 받는 복을 말씀하십니다.

성경에 하나님의 아들이라 일컬음을 받는 경우는 예수님

에게 주어진 특별한 애칭입니다.

> 저가 큰 자가 되고 지극히 높으신 이의 아들이라 일컬을 것이요 주 하나님께서 그 조상 다윗의 위를 저에게 주시리니 (눅 1:32)
> 하늘로서 소리가 나기를 너는 내 사랑하는 아들이라 내가 너를 기뻐하노라 하시니라 (막 1:11)

예수님에게 그러했듯이 우리가 하나님의 아들이라 일컬음을 받는 특권과 축복이 있다는 것을 아십니까?
하나님이 여러분을 향하여 말씀 하시기를
"너는 내 사랑하는 아들이다" 또는
"너는 내 사랑하는 딸이다"
이렇게 말씀하신다고 묵상해 보십시오.
이 얼마나 영광스러운 부름이며 특권이며 축복입니까?
하나님의 자녀 된 축복과 영광을 누리는 것입니다.
하나님이 사랑스럽게 불러 주시고 확인해 주시는 그 큰 사랑을 경험하는 축복을 누려야 하지 않겠습니까?

> 내가 영을 전하노라 여호와께서 내게 이르시되 너는 내 아들

이라 오늘날 내가 너를 낳았도다 (시 2:7)

 하나님의 아들이라 일컬음을 받을 때 우리는 하나님께 구하고 받는 축복의 관계를 하나님과 맺게 되는 것입니다.
 열방을 소유하고 받게 되는 놀라운 하나님의 자녀 된 특권과 사랑의 축복, 비전과 성취의 축복을 누리는 것입니다.

화평케 하는 자

 화평케 하는 자가 이러한 복을 누리며 경험하게 되는데 그렇다면 화평케 한다는 것은 무엇이겠습니까? 왜 화평케 하는 자를 하나님의 자녀라 일컫고 그러한 축복을 누리게 하는 것일까요?
 여기 화평이라는 단어는 헬라어로 '에이레네'인데 바른 관계, 사이좋은 관계, 즐거운 관계, 조화로운 관계를 의미합니다. 이는 하나님과의 관계에서 인간 상호관계에서 인간과 자연과의 관계에서 그리고 자신과 자신의 자아와의 관계에서 좋은, 조화로운, 평화로운 관계를 가짐을 의미하는 것입니다.

막힌 담을 헐어버린 그래서 화목한 관계를 의미하지요.

그러므로 화평케 하는 자란 이러한 화평을 추구하고 화평을 만들어 내는 사람을 가리킵니다.

물론 여기서는 사람과 사람 사이에서의 화평한 삶을 추구하고 화평을 위하여 사는, 화평한 관계에 우선순위를 두는 그러한 사람을 가리키는 것입니다.

이렇게 화평을 추구하고 화평을 위하여 헌신하는 사람들이 하나님의 자녀의 영광스러운 복을 온전히 누리게 된다는 것입니다.

왜 그렇겠습니까?

창세기에 보면 하나님을 호칭할 때 셈의 하나님이라고 표현한 부분이 있습니다.

노아가 포도 농사를 짓고 포도 발효주를 많이 마시고는 취하여 벌거벗고 누웠습니다.

함은 아버지의 수치스런 모습을 보고 나가 떠벌리고 셈은 그 모습을 보지 아니하려고 뒷걸음질로 들어가서 부끄러운 모습을 덮어 줍니다.

노아가 깨어나서 자손들을 축복할 때 셈의 하나님을 찬송하리로다 하였고 그 후로 하나님은 셈의 하나님으로 불리게 됩니다(창 9:20-27).

왜 셈의 하나님이라 부르게 되고 그것을 하나님은 인정하셨을까요?

하나님 자신이 덮어 주는 사랑의 하나님이었기에 이렇게 허물과 죄를 덮어 주는 셈, 그의 하나님으로 불리는 것을 인정하신 것입니다.

하나님은 화평케 하는 자를 하나님의 아들이라, 그 자녀라 일컫는다고 하십니다.

그 까닭은 하나님이 화평의 하나님이시기 때문입니다.

하나님은 어지러움의 하나님이 아니시요 오직 화평의 하나님이시니라. (고전 14:33)

하나님은 화평의 하나님이고 화평케 하는 자는 하나님의 자녀가 됩니다.

성경은 주님 자신이 화평의 주님이시고 또 우리로 서로 화평하게 하시기를 원하시며 화평을 위하여 우리를 부르신다고 말씀하십니다.

14 그는 우리의 화평이신지라 둘로 하나를 만드사 중간에 막힌 담을 허시고

15 원수 된 것 곧 의문에 속한 계명의 율법을 자기 육체로 폐하셨으니 이는 이 둘로 자기의 안에서 한 새 사람을 지어 화평하게 하시고 (엡 2:14, 15)

그리스도의 평강이 너희 마음을 주장하게 하라 평강을 위하여 너희가 한 몸으로 부르심을 받았나니 또한 너희는 감사하는 자가 되라 (골 3:15)

골로새서에서 말하는 평강은 곧 화평을 말합니다.

평강이라고 번역되기는 하였으나 인간 서로간의 화평함을 의미하는 말이지요.

그러므로 화평은 하나님의 속성입니다.

예수 그리스도의 십자가는 하나님과 우리 사이의 화평을 위함일 뿐 아니라 우리 서로간의 화평을 위한 은혜입니다.

따라서 우리가 화평을 추구한다는 것은 하나님의 자녀의 길이며 주님의 제자의 길이며 하나님과 함께 가는 길이 됩니다. 따라서 화평을 추구하고 화평케 하는 자는 하나님의 자녀가 되는 감격과 영광을 얻습니다.

우리는 이 세상에 사는 동안 화평케 하는 자로 살아야겠습니다.

싸우는 일은 멈추고, 싸움은 말리고 중재하고, 화평케 하는 일에 쓰임 받으며 하나님의 자녀 된 삶의 감격과 영광을 누리기를 바랍니다.

자, 이제는 이 화평의 복음과 화평의 과정을 좀 더 이해하고 우리의 삶에 적용해 보기 위하여 화평에 관한 성경 말씀을 좀 더 탐구해 보기로 하지요.

어디서 우리의 화평이 무너지고 어디서 화평을 찾게 되는 것일까요?

무너진 화평

성경은 우리가 하나님과의 관계에서, 인간 상호간의 관계에서, 자연과의 관계에서, 자신 내부의 관계에서 화평이 무너지게 된 것이 인간이 타락하고 죄인이 된 데서 비롯되었음을 말해주고 있습니다.

인간은 하나님을 불신하고 교만하여져서 불순종하여 스스로도 하나님께로부터 멀어지고 하나님과의 관계가 단절되고 사탄의 지배를 받게 되었습니다.

이 사탄의 영향을 받으며 죄인이 된 인간은 인간 상호간에도 불신과 배신으로 인간관계가 깨어지게 됩니다.

아담은 하와를 보고 '뼈 중의 뼈요 살 중의 살'이라고 한 몸된 감격을 노래한 바 있었으나 사탄의 지배를 받는 죄인이 된 후에는 책임을 하와에게 전가하면서 하나님이 주신 "여자 그가"라고 책임을 전가하며 스스로 하와와의 사이에 금을 긋는 것을 보여 줍니다.

마치 늪의 가장자리에 있는 하와를 늪 속으로 밀어버리는 것 같습니다.

한 몸이었던 아내가 3인칭이 됩니다.

여기서 깨어지는 인간관계를 분명하게 봅니다.

신뢰를 잃어버린 비겁한 가장의 모습을 봅니다.

뿐만 아니라 인간과 자연과의 관계도 깨어집니다.

사람으로 인하여 땅이 저주를 받고 땅은 엉겅퀴와 가시덤불을 냅니다.

자연을 잘 다스려야 할 인간은 자연을 파괴하는 존재가 됩니다.

그리고 자신의 내부에서도 선과 악이 싸우고 갈등하는 평강을 잃어버린 존재가 되었습니다(창 3:9-19).

화평의 길

그러므로 화평과 화해의 시작은 믿음으로 하나님의 사랑을 받아 하나님과의 관계가 회복되는 데서 시작됩니다.

구원받는 데서 하나님과의 관계가 회복되고 나면 그리스도 안에서 성령으로 말미암은 화해의 능력이 있게 되는 것입니다.

하나님과 화평하고 하나님의 은혜를 따라 화평의 직책을 받게 되는 것이지요.

> 17 그런즉 누구든지 그리스도 안에 있으면 새로운 피조물이라 이전 것은 지나갔으니 보라 새 것이 되었도다
> 18 모든 것이 하나님께로 났나니 저가 그리스도로 말미암아 우리를 자기와 화목하게 하시고 또 우리에게 화목하게 하는 직책을 주셨으니
> 19 이는 하나님께서 그리스도 안에 계시사 세상을 자기와 화목하게 하시며 저희의 죄를 저희에게 돌리지 아니하시고 화목하게 하는 말씀을 우리에게 부탁하셨느니라 (고후 5:17~19)

이제 주님의 은혜 안에서 서로가 화평을 이루어 가는 과정에 대하여 생각해 보기로 하겠습니다.

우리는 이 땅에 살면서 타락한 죄성으로 말미암아 서로 상처를 주고받으며 인간관계가 부서지는 경험을 여전히 많이 하면서 살아갑니다.

그래서 화목케 하는 직책이 중요한 것이고 화평케 하는 자를 복이 있다고 하는 것입니다.

화목을 위한 몇 가지 영적 단계가 있습니다.

그것은 골로새서에 명시되어 있습니다.

12 그러므로 너희는 하나님의 택하신 거룩하고 사랑하신 자처럼 긍휼과 자비와 겸손과 온유와 오래 참음을 옷입고
13 누가 뉘게 혐의가 있거든 서로 용납하여 피차 용서하되 주께서 너희를 용서하신 것과 같이 너희도 그리하고
14 이 모든 것 위에 사랑을 더하라 이는 온전하게 매는 띠니라
15 그리스도의 평강이 너희 마음을 주장하게 하라
평강을 위하여 너희가 한 몸으로 부르심을 받았나니
또한 너희는 감사하는 자가되라 (골 3:12~15)

1) 마이너스(-) : 상처를 주고받고 불화한 상태

상처를 주고받는 가운데 도저히 용서할 수 없는 감정으로 인해 상처에서 벗어나지 못하는 경우가 있습니다.

도저히 용서할 수 없을 때는 용서할 수 없는 그 상처 받은

심령을 솔직히 하나님께 가지고 나아가는 것이 필요합니다. 하나님께 상한 심령 그대로 탄원하고 스스로 저주하지 말아야 합니다.

하나님 앞에 우리의 상한 심령을 그대로 솔직하게 숨김없이 정직하게 내어 놓아야 합니다.

여러분 혹시 상처 받아서 용서할 수 없는 사람을 경험한 적이 있습니까? 없기를 바라지만 혹 그러한 경우 그러한 감정을 하나님께 솔직히 내어 놓아야 합니다.

하나님이 우리의 상한 심령을 받아 주시니 얼마나 위대한 사랑이요 넓은 사랑입니까?

너무 상처가 커서 용서할 수 없고 자신을 어찌하지 못하겠거든 시편 109편의 기도를 드려 보십시오.

이 기도를 책망 없이 들어 주실 하나님을 신뢰하십시오. 성경에 이러한 기도가 정경으로 기록되어 있다는 것에 놀라게 될 것입니다.

이는 상처 받은 심령을 받아 주시는 하나님의 마음입니다. 하나님은 상처 받은 심령을 가까이 하시며 구원하시는 하나님이십니다.

여호와는 마음이 상한 자에게 가까이 하시고 중심에 통회하는

자를 구원하시는도다. (시 34:18)

이 말씀은 글자 그대로 마음에 상처 받은 사람에게 하나님이 가까이 하신다는 것입니다. 여기서 통회한다는 것은 회개한다는 뜻이 아니라 마음에 상처를 받아서 칼로 도려내는 아픔을 느끼며 우는 것을 말합니다. 바로 상처 받은 심령을 받으시고 치유하시는 하나님의 사랑을 증거 하는 성경 말씀인 것입니다.

그러므로 시편 109편과 같은 기도를 하나님 앞에 올릴 수 있도록 하나님이 길을 열어 놓으신 것입니다.

상처를 받아서 감당할 수 없는 그 상한 심령을 다 받아 주시고 안아 주시겠다는 사랑의 하나님의 말씀입니다. 지금 그러한 경우가 아니더라도 하나님의 마음을 이해하기 위하여 시편 109편을 한번 읽어 보십시오.

1 나의 찬송하는 하나님이여 잠잠하지 마옵소서
2 대저 저희가 악한 입과 궤사한 입을 열어 나를 치며 거짓된 혀로 내게 말하며
3 또 미워하는 말로 나를 두르고 무고히 나를 공격하였나이다
4 나는 사랑하나 저희는 도리어 나를 대적하니 나는

기도할 뿐이라
5.저희가 악으로 나의 선을 갚으며 미워함으로 나의 사랑을 갚았사오니
6 악인으로 저를 제어하게 하시며 대적으로 그 오른편에 서게 하소서
7 저가 판단을 받을 때에 죄를 지고 나오게 하시며 그 기도가 죄로 변케 하시며
8 그 연수를 단촉케 하시며 그 직분을 타인이 취하게 하시며
9 그 자녀는 고아가 되고 그 아내는 과부가 되며
10 그 자녀가 유리 구걸하며 그 황폐한 집을 떠나 빌어먹게 하소서. (시 109 1-10)

속으로는 미워서 저주하면서 겉으로는 또는 하나님 앞에 기도하러 와서는 용서하는 척 기도하는 것은 오히려 하나님이 싫어하십니다.

상처 받은 심령을 그대로 가지고 나와서 하나님 앞에 솔직히 털어 놓고 호소하는 정직한 기도를 하나님은 더 사랑하십니다.

우리가 시편 109편과 같은 기도를 드릴 때에 하나님이 그대로 응답하셔서 상처 준 사람을 죽여 버리실 건지는 우리는 알 수 없습니다.

기도에 대한 응답은 하나님께서 하실 일이고 우리는 상처 받은 심령을 그대로 하나님께 정직하게 내어 놓으면 하나님의 사랑이 우리 마음의 상처를 만져 주실 것입니다.

우리의 상처 받은 심령이 치유 되지 않고는 화평을 이룰 수 없고 우리의 상처 받은 심령이 치유되면 화평의 길을 갈 능력이 생기는 것입니다.

2) 제로(O) : 용서

하나님의 사랑과 위로로 상처 받은 심령이 치유되면 상처를 준 미움의 대상도 용서할 수 있는 마음의 여유와 능력을 얻게 됩니다.

그러나 어떤 경우는 용서는 하나 사랑할 수는 없는 감정을 느끼는 경우도 있습니다.

용서하므로 나 자신이 억눌린 감정에서 벗어나고 해방되지만 사랑할 만한 마음으로 회복되지 못하고 사랑할 능력이 없는 경우를 말하는 것이지요.

용서는 하지만 사랑할 수 없을 때는 우선적으로 용서라도 분명히 하는 것이 필요합니다.

용서할 수 없을 때는 솔직히 하나님께 탄원하지만 용서할 수 있을 때는 용서하여야 합니다.

용서는 하나님의 사랑의 표현입니다.

용서는 확실하고 분명하게 할 필요가 있습니다.

용서는 용서를 선포하는 것입니다.

그리고 하나님께서 자기에게 상처 주었던 그 사람을 하나님도 용서 하시라고 하나님의 용서를 위하여 기도하는 것입니다. 그리고 자신도 그를 사랑할 수 있기 위해 기도하는 것입니다. 하나님께서 사랑의 영으로 오셔서 도와주실 것입니다.

우리가 이렇게 기도하여 사랑의 영으로 충만하게 되면 억지로나 의무감에서가 아니라 그냥 사랑하게 되는 축복을 경험하게 될 것입니다.

우리가 우리에게 상처 준 사람을 용서하며 기도하는 일은 응답을 가져 오는 지름길입니다.

사랑을 위하여 기도하는 일은 하나님이 기뻐하시는 일이지요.

성령은 사랑의 영이십니다(갈 5:22).

우리가 우리에게 죄 지은 자를 사하여 준 것 같이 우리 죄를 사하여 주옵시고 (마 6:12)

3) 플러스(+) : 사랑

용서하고 사랑하면 상당히 적극적인 것이 되고 플러스 영성이 됩니다. 우리는 상처 준 사람도 사랑할 수 있는 경지로 가야 합니다.

그러나 용서도 하고 사랑도 하는데 오히려 상처를 주었던 상대가 용서와 사랑을 받아들이지 아니하고 여전히 막혀서 불화가 화해로 완전히 이루어지지 못하는 경우도 있습니다. 그러한 경우에는 자신은 문제가 다 해결 되고 해방되고 사랑의 능력까지 얻어 용서하고 사랑하는 일을 하지만 상대가 열리지 아니한 경우인데 이때는 상대가 아직도 어두움의 영에게 사로잡혀 묶여 있는 상태이기 때문입니다.

이러한 경우는 상대를 불쌍히 여기고 긍휼이 여기는 마음으로 그의 영이 사탄에게서, 죄의 세력에서 벗어나기를 위하여 중보 기도할 필요가 있습니다.

영혼을 풀어 주는 기도를 하여야 하는 것이지요.

이렇게 상처를 준 상대를 위하여 기도하는 것은 적극적인 사랑의 기도가 되는 것입니다.

그러면서 사랑의 대화를 시도하는 것입니다.

이제 사랑해야겠다는 마음이 생기거든 기회를 잡으십시오.

그를 적극적으로 사랑하십시오.

그러나 아직도 그가 변화되지 않았기에 사랑을 적극적으로 표현하는 일을 망설이게 될 것입니다.

좋습니다.

괜찮습니다.

그 때는 기도로 사랑을 시작하는 것입니다.

그를 위하여 축복하며 중보 기도하는 것입니다.

그의 영혼을 풀어 주는 기도를 시작하는 것입니다.

영혼을 풀어 주는 기도에 대하여는 다음 기회에 자세히 설명할 기회를 찾기로 하지요.

그러나 적어도 그의 영혼이 어두움의 영, 미움의 영으로부터 자유롭게 되어 서로 사랑할 수 있게 되기를 위하여 기도하는 것입니다.

그의 영혼이 우리의 기도로 말미암아 마귀와 죄로부터 풀려나서 자유 하게 되면 그도 하나님을 사랑하고 서로 사랑할 수 있게 될 것입니다.

그리고 용기를 내서 그를 만나고 사랑을 표현하는 것입니다. 아직 나의 사랑을 받아들이지 못하거든 더욱 긍휼히 여기는 마음으로 하나님도 긍휼로 오셔서 그를 변화시키기까지 기도하며 중보하고 축복하십시오.

이제는 함께 화평을 누릴 천국이 가까이 오고 있는 것입니다.

베드로 사도는 권면합니다.

8 마지막으로 말하노니 너희가 다 마음을 같이하여 체휼하며 형제를 사랑하며 불쌍히 여기며 겸손하며
9 악을 악으로, 욕을 욕으로 갚지 말고 도리어 복을 빌라 이를 위하여 너희가 부르심을 입었으니 이는 복을 유업으로 받게 하려하심이라 (벧전 3:8, 9)

4) 온전함 - 평강

화평 또는 평강이란 온전한 교제가 이루어진 것을 의미합니다.

일방적인 사랑이 아니고 서로 사랑하는 교제입니다. 하나님은 이를 위하여 우리를 부르셨고 화평케 하는 직책을 주셨습니다.

상대의 영혼이 해방되면 화해는 온전히 이루어지고 서로 용서하고 서로 사랑하는 관계로 화평케 되는 천국을 이루게 될 것입니다.

화평을 위하여 우리는 부름 받았고, 화평케 하는 자로 소

명 받았습니다. 화평케 하는 자가 하나님의 자녀의 사랑과 평강을 누리게 되는 것입니다.

여러분에게 상처 준 사람이 있거든 용서하십시오.

지금 용서하십시오.

그리고 사랑하십시오.

그를 위하여 지금 기도를 시작하십시오.

그리하여 평화의 사도가 되십시오.

우리는 거칠고 상처를 주고받는 세상에서 가능하면 상처를 주지 않는 삶을 살도록 해야 합니다.

한편 상처를 주는 사람들이 많아도 상처를 안 받는 연습도 해야 합니다.

상처 주는 사람을 품고 용서하고 기도하는 능력도 갖추도록 해야 합니다.

그리고 세상을 평안하게 하는 천국의 사도요 하나님의 자녀의 아름다움으로 살아야 합니다.

감

풍상을 이고 살아온
고난의 세월 구비 구비
손마디가 굵어졌지만
받쳐 드릴 열매 있음에
감사하고 있네요

설익은 치장 다 지우고
속살 드러낸 진실이
님을 향한 열망이요
붉게 타는 사랑임을
고백하고 있네요

오직 하나 남은 소원
흰 서리 내리고
까치밥이 되는 그 날까지
한 눈 팔지 않는 사랑이길
기도하고 있네요

지상최대의 축복

에필로그

하늘에서 상이 큼이라

의를 위하여 핍박을 받은 자는 복이 있나니 천국이 저희 것임이라 나를 인하여 너희를 욕하고 핍박하고 거짓으로 너희를 거스려 모든 악한 말을 할 때에는 너희에게 복이 있나니 기뻐하고 즐거워하라 하늘에서 너희의 상이 큼이라 너희 전에 있던 선지자들을 이같이 핍박하였느니라 …마 5:10

하늘의 상급

예전엔 타자기를 사용하여 문서를 작성했는데 지금은 컴퓨터를 사용하니 타자기는 필요가 없어지고 더 이상 사용가치가 없어졌습니다.

더 나은 것이 오면 덜한 것은 밀려 납니다.

우리의 삶도 그렇습니다.

더 나은 가치, 더 나은 보람, 더 나은 행복이 오면 덜한 것은 뒤로 밀려납니다.

하늘에서 상을 받게 되면 지상에서 받는 상은 지극히 작은 것이 되겠지요?

첫째 복을 말씀 하실 때 천국을 누리는 복을 말씀하셨는데 여기 마지막으로 다시 천국의 복을 말씀하심으로써 진정한 복은 천국을 누리는 복이요, 팔복 전체가 사실은 천국을 말하고 있음을 나타내고 있는 것입니다.

이 부분에서는 특별히 하늘에서 받을 상을 말씀하십니다. 천국을 누리는 것이 복 중에서 복이거니와 천국에서 상을 받을 만한 삶을 산다는 것은 더 큰 복입니다.

사람들은 많은 경우 세상적인 욕망으로 살아가지만 우리는 천국의 소망을 품고 사는 사람이요, 천국의 상을 오히려 중히 여기는 삶을 살아가는 사람들입니다.

시간과 영원의 차원이 다른 가치를 배우는 것이 필요합니다.

그동안의 기독교 역사를 보면 수많은 사람들이 핍박을 받고 더 나아가 순교를 당하였습니다.

우리는 최근에도 샘물교회 목사와 성도가 선교적 목적으로 봉사활동 나갔다가 아프가니스탄에서 탈레반 인질로 잡혀 죽임당한 사건을 전해 들으며 얼마나 가슴이 아팠는지 모릅니다.

하나님은 살아 계신가?

살아 계시다면 왜 살려내지 않으셨는가?

그러한 의문을 많은 사람들이 제기하기도 하였습니다.

하나님은 여기서 시간을 뛰어넘는 영원의 세계로 우리를 부르고 계십니다.

그리고 우리 삶의 차원을 영원한 세계에 두어야 하고 우리 삶의 가치를 영원한 가치에 두고 살아야 진정으로 복된 삶이라고 가르치고 계십니다.

하나님은 이 땅에서 당신의 사람들 중 일부를 순교자로 부르시고 그 순교자의 피를 통하여 열방을 구원하시는 역사를 행하십니다(계 6:10-11).

그리고 순교자에게는 하늘의 면류관을 약속하십니다.

그렇다고 우리가 다 순교자가 되어야 하는 것은 아닙니다. 순교자도 하나님이 택하십니다.

그 직책을 주시지 않은 자는 순교하고 싶다고 순교할 수 있는 것이 아닙니다.

중요한 것은 영원한 차원에서 사는 것을 깨우치는 것입니다.

예수님은 썩는 양식을 위하여 일하지 말고 영생하도록 있는 양식, 영원한 가치를 위하여 일하라고 하십니다(요 6:27).

"하늘의 상급"은 최고의 가치입니다.

영원한 가치입니다.

에필로그

하늘의 상급을 받는 자가 되는 것을 기뻐하는 삶이 가장 행복하고 복된 삶이라는 것이지요.

지상의 가치를 훨씬 뛰어 넘는 하늘의 영원한 가치관으로 사시기 바랍니다.

의를 위하여 핍박을 받은 자

누가 천국을 누리고 천국의 상을 받을 자입니까?

의를 위하여 핍박을 받은 자는 천국의 사람이며 천국에서 상을 받을 자라고 말씀하고 있습니다.

의란 무엇이겠습니까?

이미 네 번째 복에서 살펴 본 바와 같이 의란 한마디로 옳은 것인데 하나님이 우리를 통해 이루시기 원하시는, 당연히 이루어야 할 상태입니다.

다른 말로 하면 하나님의 뜻과 의도, 또는 계획 그것의 개인적 공동체적 적용을 의미합니다.

의란 사회적 정의를 말하기도 하고 윤리적 공의를 말하기도 하지만 하나님이 우리의 삶에서 이루고자 하시는 기준이 되는 삶의 원칙이 의가 됩니다.

아래의 말씀들은 이미 인용하여서 기억하고 있겠지요. 다시 한 번 음미해 보십시오.

의에 주리고 목마른 자는 복이 있나니 저희가 배부를 것임이요 (마 5:6)
너희는 먼저 그의 나라와 그의 의를 구하라 그리하면 이 모든 것을 너희에게 더하시리라 (마 6:33)

그러면 왜 단순히 의를 추구하는 자가 복이 있다고 말하지 않고 의를 위하여 핍박을 받은 자가 복이 있다고 말씀하고 있는지 궁금하지 않습니까?

나도 이전의 일곱 가지 복을 말씀 하실 때는 의문이 없었는데 왜 핍박을 받아야 복인지, 복 있는 자가 되기 위하여 왜 핍박을 받아야 하는지 의문이었습니다.

아마도 이것은 우리가 단순히 복을 받아 누리는 것만 좋아할 일이 아니고 진정한 천국 시민으로 살아 갈 때 치러야 할 대가를 각오하고 살도록 인도하시는 것 같습니다.

왜 핍박이 일어나는지를 이해하면 핍박 받은 자가 복이 있다는 말씀이 이해가 될 것 같군요.

왜 핍박이 일어납니까?

성경은 이렇게 말합니다.

무릇 그리스도 예수 안에서 경건하게 살고자 하는 자는 핍박을 받으리라 (딤후 3:12)

19 너희가 세상에 속하였으면 세상이 자기의 것을 사랑할 터이나 너희는 세상에 속한 자가 아니요 도리어 세상에서 나의 택함을 입은 자인고로 세상이 너희를 미워하느니라.
20 내가 너희더러 종이 주인보다 더 크지 못하다 한 말을 기억하라 사람들이 나를 핍박하였은즉 너희도 핍박할 터이요 내 말을 지켰은즉 너희 말도 지킬 터이라
21 그러나 사람들이 내 이름을 인하여 이 모든 일을 너희에게 하리니 이는 나 보내신 이를 알지 못함이니라. (요 15:19~21)

이 세상은 타락하여 사탄의 지배를 받고 있습니다.

이 세상은 지금 완전한 하나님의 나라가 아닙니다. 완전한 하나님의 나라는 오는 세대로 남겨져 있습니다.

그래서 우리가 경험하는 하나님 나라는 이미 이루어졌으나 아직 완성되지 않은 하나님 나라입니다.

우리는 악이 지배하는 세상 속에서 하나님의 의를 따르고 추구합니다.

따라서 세상은 우리를 핍박하게 되어 있습니다.

만일 우리가 세상이 요구하는 대로 맞추어 살면 핍박을 받지 아니할 것입니다.

그러나 하나님의 뜻을 구하면, 의를 추구하면 악의 왕국의 세력이 핍박을 가하게 되는 것이 당연합니다. 그러나 우리는 이 세대에 맞추어 사는 사람들이 아니며 하나님의 뜻을 구하고 하나님의 나라를 구하며 오는 세대에 맞추어 사는 사람들이지요.

성경은 권면하고 있습니다.

너희는 이 세대를 본받지 말고 오직 마음을 새롭게 함으로 변화를 받아 하나님의 선하시고 기뻐하시고 온전하신 뜻이 무엇인지 분별하도록 하라 (롬 12:2)

우리 그리스도인들은 이 세상 속에서 세상의 원리를 따르지 아니하고 하나님 나라의 의를 따릅니다.

따라서 마귀의 지배를 받는 세상은 그리스도인들을 핍박합니다. 그리스도인들은 핍박 속에서도 하나님 나라의 의를 따라 살아감으로써 하나님 나라를 증거 합니다.

이제 핍박 받은 자가 왜 복되다 하는지 다음 말씀을 묵상해 보십시오.

> 예수께서 대답하시되 내 나라는 이 세상에 속한 것이 아니라 만일 내 나라가 이 세상에 속한 것이었더면 내 종들이 싸워 나로 유대인들에게 넘기우지 않게 하였으리라 이제 내 나라는 여기에 속한 것이 아니니라. (요 18:36)

> 40 저희가 옳게 여겨 사도들을 불러들여 채찍질하며 예수의 이름으로 말하는 것을 금하고 놓으니
> 41 사도들은 그 이름을 위하여 능욕 받는 일에 합당한 자로 여기심을 기뻐하면서 공회 앞을 떠나니라 (행 5:40, 41)

그것은 바로 핍박을 받는다는 것이 천국 시민임을 확증하는 것이기 때문입니다.

천국 시민이 아니면 핍박 받을 일이 없습니다.

우리가 핍박을 받는 삶을 산다는 것은 우리가 세상 나라에 속한 사람이 아니라는 증거이고 세상 원리를 따라 살지 않고 하나님 나라의 원리를 따라 살고 있다는 증거인 것입니다.

이 부분에서 우리가 일부러 핍박을 받으러 다니자는 것이 아닙니다.

어떤 희생이나 어려움이 와도 또는 핍박을 받아도 당당히

하나님 나라의 원리, 하나님의 의를 따르는 삶을 사는 것 자체가 복이 있다고 말씀하시는 것입니다.

팔복의 마지막이 의를 위하여 핍박을 받는 것이라면 그것이 주는 의미가 무엇이겠습니까?

사실 팔복은 하나님 나라가 아닌 이 세상에서 하나님 나라를 누리는 삶의 모든 과정과 영역을 가르치고 있습니다.

하나님 나라는 자동적으로 이루어진다든지 쉽게 장밋빛 인생을 살아가는 것이 아닙니다.

오히려 핍박이 있고 방해가 있고 어려움이 있기도 한다는 것입니다. 그러기에 더욱 가치가 있는 것입니다.

그러므로 핍박을 각오하고 의를 이루도록 해야 합니다.

그것이 기쁨이고 즐거움입니다. 값을 지불하고 천국을 사는 것입니다. 다음 말씀을 묵상해 보십시오.

44 천국은 마치 밭에 감추인 보화와 같으니 사람이 이를 발견한 후 숨겨 두고 기뻐하여 돌아가서 자기의 소유를 다 팔아 그 밭을 샀느니라
45 또 천국은 마치 좋은 진주를 구하는 장사와 같으니
46 극히 값진 진주 하나를 만나매 가서 자기의 소유를 다 팔아 그 진주를 샀느니라 (마 13:44~46)

에필로그

29 예수께서 가라사대 내가 진실로 너희에게 이르노니 나와 및 복음을 위하여 집이나 형제나 자매나 어미나 아비나 자식이나 전토를 버린 자는
30 금세에 있어 집과 형제와 자매와 모친과 자식과 전토를 백배나 받되 핍박을 겸하여 받고 내세에 영생을 받지 못할 자가 없느니라.(막 10:29, 30)

깊이 보는 눈을 가져야 합니다.

밭에 감춰진 보화를 볼 줄 알아야 합니다.

겉으로 보이는 유익만 보는 것이 아니라 핍박과 고난 속에 감추어진 보화를 볼 수 있어야 합니다. 바로 이 깊은 가치를 보는 인생이 복되다 하는 것입니다. 십자가를 지고 주님을 따르는 것을 기쁨으로 삼는 자의 복인 것입니다.

진정한 삶의 기쁨과 가치, 감사와 찬양이 오직 하나님께 있어 핍박이나 환난이나 어려움도 천국으로 살아가는 복이 되는 것입니다.

진정한 천국은 이 땅에 아직 완성 되지 아니하였고 죄 된 사탄의 권세 아래 있는 세상에서 우리는 하나님의 법을 따르고 살아갑니다. 그것도 세상의 법과는 거의 반대가 되는 하나님의 법을 따릅니다.

그러므로 핍박은 당연히 일어나게 되지요.

의를 인하여 핍박을 받는다는 것은 하나님의 자녀로 천국을 살아간다는 표시입니다.

당연히 핍박을 각오하고 감수하며 나아가 핍박 자를 위하여 기도하고 축복하는 그러한 의를 살아갈 때 천국을 이루는 의인이 되는 것입니다.

이 세상에 속하지 아니한 주님의 왕국을 이 세상 속에서 살아가는 것은 주님의 의를 행하며 이루어가는 것입니다.

천국은 단순히 받아 누리는 것이 아니라 이루며 누리는 것이기도 하지요.

물론 왕이신 하나님의 능력으로 감당하는 나라인 것입니다. 의를 위하여 핍박을 받기로 다짐할 때 하나님의 능력으로 말미암아 우리는 어떠한 경우에도 사람을 사랑할 수 있고 손해를 보아도 주님의 의를 이룰 수 있고 핍박 자를 위하여 축복할 수 있는 승리의 삶을 누리게 됩니다.

상황에 매이지 않는 승리와 축복의 삶을 누릴 수 있다는 것이지요.

진정한 복, 하늘에서 내리는 복, 깊은 데서 나오는 기쁨과 감격, 더 나은 가치로 말미암은 지상최대의 축복을 누리며 살게 되기를 축원합니다.

부록

[바나바 행전]을 읽고

선유도교회 류순화 사모

존경하는 선생님께

성탄절을 며칠 앞둔
아이들과 성탄절 준비로 분주한 어느 날
인도에 있는 정성민 선교사로부터 전화 한 통을 받았습니다.
선생님의 자서전을 출판하려고 하는데
문장을 좀 다듬어 줄 수 있겠느냐는 내용이었습니다.
조심스럽게도 서론이 꽤 길게 부탁을 하더군요.
선생님 책인데
생각하고 말고 할 일이 아니었지요.

작년 사모 훈련에 왔을 때
선생님께서 자서전을 쓰고 계시다는 말씀을 들은 터라
반갑기도 하고 기쁜 마음에 덥썩 하겠다고 대답을 한 후
내용을 다운 받았습니다.
다운 받아서 한 번 읽어보고 덮어 두었다가
구정이 지나고 나서야 본격적으로 작업을 시작했습니다.
이미 여러 번 강의 시간에 들었던 내용들과
함께 했던 현장경험들이 대부분의 내용이었습니다.
그러나 글로 모아진 내용들은 또 새로운 도전과 감동이었습니다.
그렇게 선생님의 [바나바 행전]과 첫 대면을 하였지요.

95년 5월
터지고 상한 마음으로
마르다처럼 일만 하다가
생의 밑바닥을 보고나서야
뭔가 빠진 게 있을 것이라는 어렴풋한 생각을 가지고 선생님께 왔었지요.
여주동행, 엄청 충격이었습니다.
일 중심의 마르다 보다 말씀을 듣는 마리아가 더 사랑스럽

다 하시니

전 주님께서 저를 일꾼으로 부르신 줄 알았거든요.

동역자에게서 받은 상처로 인한 상한 마음이 된 제게 팔복 강해는 향유였습니다.

갈기갈기 찢긴 마음을 치유하는 말씀의 향유였습니다.

말씀묵상은 비밀스런 기쁨이었습니다.

잊혀져 가는 사람으로 외로운 제게, 내가 어디 사는 것을 아시는 아버지가 친히 찾아오시는

발걸음을 날마다 경험하는 시간이었습니다.

'나도 10년 후엔 선생님처럼 주님의 음성을 들을거야'

야무진 다짐도 했었지요.

말씀묵상의 기쁨을 누리며 하게 된 것이 십여 년이 지났습니다.

여기까지 와서 보니

선생님은 또 저만큼 앞서가고 계십니다.

선생님의 강의 내용을 삶으로 배워가려고 많이 노력했습니다.

선생님과 해외 사역을 나가면서

여행 중에도 저녁 기도하는 방법을 배웠구요.

함께 하는 기도 시간에는 연약함을 그대로 드러내는 용기

도 배웠습니다.

알마타에서는 선생님의 앞이라 마음껏 울 수 있었습니다.

어쩌면 강의실에서 배웠던 것보다 훨씬 더 많은 것들을 해외 사역을 하는 동안에

선생님의 삶에서 배웠을 것입니다.

강의 내용을 삶으로 사시는 선생님의 일상을 그날그날 보고 배웠으니까요.

이렇게 선생님의 [바나바 행전]을 만나기 이전에 강의실과 선생님의 삶의 주변에서

이미 많은 교훈과 가르침들을 받게 된 것에 감사드립니다.

원고에서 오자를 찾아내다가도 내용에 흠뻑 빠지게 되고

문장을 다듬어가다가도 내용에 몰입해 있는 제 자신을 보곤 했지요.

정선교사님은 제 스타일로 감성을 터치하는 문장으로 바꾸어보도록 권한을 주었지만

그렇게 할 수 없었습니다.

다소 거친 문장이기는 하지만 그 속에 영적 파워가 느껴지기 때문이었습니다.

그냥 잘 다듬기만 해도 그 자체로 사람의 마음을 두드릴 수 있기 때문이었습니다.

에필로그

제가 할 수 있는 일은 그냥 조금 더 적당한 단어를 찾아서 바꾸어 주고
너무 긴 문장은 단문으로 끊어서 이어주고
현장에 있었던 곳은 아주 조금 제 감정을 끼워 넣는 정도로 하기로 했지요.
선생님의 의도에 누가 되지 않을 만큼만.

안남 캠퍼스 96년에 남편이 훈련을 받게 되었지요.
그때로부터 시작한 우리들의 여주동행
마리아의 영성이 우리의 라이프스타일이 되었습니다.
제게 마리아의 라이프스타일을 가르쳐주셨던 그 해 봄이후 전 마리아의 영성으로 마르다의 일을 잘 감당하고 있습니다.
그리고 세계비전 복의 근원으로 살아가면서 누리게 된 풍성함을 말씀하실 때 제 가슴이 얼마나 뛰는지 터질 것 같았습니다.
'기도로 세계를 품으면 세계적인 사람이 되는 거야'
선생님께서 격려하셨던 것처럼 우린 세계적인 사람이 되었지요.
지금도 창세기 12장을 펴면 제 가슴은 뜁니다.

선생님의 가르침처럼 선유도교회도 하나님의 선교에 동참하는 교회로 나아가고 있습니다.

열방을 섬기는 교회로 성장하고 있습니다.

중보기도 사역

중보기도 사역에 내 삶 전체를 드려도 아깝지 않을 것이라는 가슴 벅찬 시간이었습니다.

그리고 지금도 종종 최상에로 부르신 주님 앞에 여전히 감격하면서 기도실에 들어가고 있습니다.

남편의 설교 사역에 중보로 동역하는 비결을 가르쳐주셨지요.

성령사역

선생님의 생에 turning point가 되었던

'성령의 권능으로 갈릴리에' 가 저의 기도의 제목이며 소망이 되었고 지금도 계속되고 있습니다.

그래서 나의 갈릴리 우리의 갈릴리인 선유도에서 행복한 목회를 하고 있습니다.

책을 읽으면서

내내 숨겨진 보석을 찾듯 행간에 감추어진 강의실에서의

열기와 삶으로 드러낸 선생님의 순종을 발견합니다.

말씀묵상 일천 번제와 저녁기도 일천 번제
선생님께서 책에서도 밝히셨듯이 쉬운 일은 아니었지만
실패와 또 다시 시작을 번갈아 해가면서 지금도 하고 있습니다.
선생님께서는 저녁기도 일천 번제를 강하게 도전하셨고
또 그것을 삶으로 살아내셨습니다.
동경에서 토론토로 가는 기내에서
비행기 앞좌석에 머리를 대고 기도하시던 선생님을 보면서 저도 이동 중에
차에서 혹은 배 안에서 기도의 자리로 나아가고 있습니다.
예수님의 성령사역은 곧 기도하는 삶에서 나온 것임을 깨닫고 가르쳐주신 덕분에
기도하는 삶을 살려고 몸부림하고 있습니다.
원고의 마지막 교정을 은비에게 보라고 했더니
다 읽고 난 다음 은비가 하는 말이 '이강천 목사님이 엄마 아빠의 삶에 많은 영향을 주신 것 같네' 였습니다.

성령께서 하시면

캘거리와 애드몬튼에서의 한인 목회자 사역
알마타와 우루무치에서의 사역
제주도에서의 중국 선교사 대회
성령께서 함께 하시고 영광 받으셨던 감격의 현장에 선생님과 함께 있었기에
그때의 감동을 기억하며 행복했습니다.
서해안의 작은 섬에 사는 우리들을 왜 이곳 우루무치에 오게 했을까?
복음의 강물이 이렇게 도도히 흐르는데 우리가 해야 할 일은 무엇인가?
어떻게 헌신할 것인가?
그 질문의 해답을 선생님의 책 '성령께서 하시면'에서 읽고 있습니다.

안남에서 금계리로 이사 오던 날의
한 겨울의 명징한 하늘
텅 빈 운동장을 지키고 선 키 큰 플라타너스
안남에서보다 열 배가 커진 공간과 사역들
그때로부터 지금까지 계속 확장된 사역들과 열매들을 같이 볼 수 있어서

참 기뻤습니다.

인생은 60부터
선생님께서 안식년을 안쉴년으로 보내면서
집필한 셀 교회 이론과 전략과 교안들로 '사역 갱신학교'를 열어 후배들의 목회 현장이 초대교회 시스템으로 교회가 성장하기를 바라셨지요.
육체의 한계를 넘어선 순종이었다고 선생님께서 고백하셨습니다.
사명으로 하셨다고 고백하셨습니다.

천개동에서
하늘을 향해 난 창으로 세상을 보시던 선생님께서
이제는 열방 가운데 있는 제자들을 통해 세상을 보십니다.
'성령의 권능으로 갈릴리에'로부터 '인생은 60부터'까지
성령의 인도하심 따라 쉼 없이 달려오신
선생님은 저의
우리들의 영적 map이십니다.
선생님을 통해 수많은 바울들이 세워질 것입니다.
아니 지금 세워지고 있습니다.

선생님의 [바나바 행전]과 같은 또 다른 [바나바 행전]들이 수없이 쓰여 질 것입니다.
　　그러하기에
　　선생님의 [바나바 행전]은 현재 진행형입니다.

　　열왕기하 2장에서
　　엘리사는 갈멜 산을 거쳐서 사마리아로 갑니다.
　　스승의 두 배의 영감을 구하고 싶을 만큼
　　닮고 싶었던 스승이
　　회리바람을 타고 하늘로 오르는 것을 보면서
　　불 말들과 불 수레가 엘리사를 막지만 않았다면
　　아마도 엘리사는
　　스승의 발이라도 잡았을 거라는 상상을 해봅니다.
　　스승이
　　바알의 제사장들과 한 판 승부를 벌인
　　갈멜 산
　　그때 그 불의 현장에 엘리사도 있었겠지요.
　　그가 사역 현장인 사마리아로 가기 전
　　갈멜 산으로 갑니다.
　　스승이 승리했던 불의 현장을 찾아갑니다.

저에게 있어서
우리에게 있어서
바나바 훈련원은 엘리야의 갈멜 산과 같은 곳입니다.
그리고 다행스럽게도
우리의 선생님은
회리바람을 타고 하늘로 오르시지 못하고
아직 여기 바나바 훈련원에 그냥 계십니다.
그래서 감사합니다.
아직 선생님의 영감의 갑절을 구할 수 있는 시간적 여유가 있어서 다행입니다.

선생님의 땅 끝 금계리에서
더 많은 열매들을 안고 주님을 기대하실
선생님 존경합니다.
감사합니다.
그리고 사랑합니다.